A mulher na Igreja

A mulher na Igreja

Pastorais, Catequese, Ministérios Litúrgicos

Pe. Jerônimo Gasques

Edições Loyola

Diretor geral: Eliomar Ribeiro, SJ
Editor: Gabriel Frade
Capa: Ronaldo Hideo Inoue
Diagramação: Maurelio Barbosa
Revisão: Mônica Glasser

Composição da capa realizada a partir das ilustrações generativas (editadas) de © Faith Stock (Adobe Stock).
Ilustrações do miolo de © 4zevar (Adobe Stock).

Edições Loyola

Rua 1822 nº 341, Ipiranga
04216-000 São Paulo, SP
T 55 11 3385 8500/8501, 2063 4275
editorial@loyola.com.br, **vendas**@loyola.com.br
loyola.com.br, @edicoesloyola

Todos os direitos reservados. Nenhuma parte desta obra pode ser reproduzida ou transmitida por qualquer forma e/ou quaisquer meios (eletrônico ou mecânico, incluindo fotocópia e gravação) ou arquivada em qualquer sistema ou banco de dados sem permissão escrita da Editora.

ISBN 978-65-5504-435-5

© EDIÇÕES LOYOLA, São Paulo, Brasil, 2025

109565

Mulheres adultas e meninas ajudam durante a celebração da liturgia há décadas. Nas celebrações há coroinhas e ajudantes femininas que, entre outras coisas, distribuem a comunhão.

Minha homenagem às mulheres que servem ao Senhor e a sua Igreja com intensidade e dignidade. Para todas as mulheres deste imenso Brasil: ministras da Eucaristia, da saúde, agentes pastorais, coroinhas e catequistas, nossa gratidão.

Sumário

	Introdução	9
1	A mulher na Bíblia	17
	1.1 Jesus e as mulheres do seu tempo	26
2	A vocação cristã da batizada	33
	2.1 As santas mulheres	37
	2.2 A mulher Maria de Nazaré	41
3	A mulher na Igreja	49
	3.1 A mulher nas pequenas comunidades eclesiais	51
	3.2 A mulher no espelho da Palavra	54
	3.3 O carisma da mulher católica	56
	3.4 Mulheres que oram pelos sacerdotes	60
4	A mulher e os ministérios	63
	4.1 Leitoras, ministras da Sagrada Comunhão, da saúde, catequistas e acólitas	67
	4.2 A mulher piedosa	85
	4.3 Alguns hábitos espirituais da mulher ministra	94
	4.4 A vida cristã da mulher ministra	105
	4.5 A espiritualidade eucarística da mulher	107

5	A mulher transforma as relações da família cristã	111
6	A mulher engajada no mundo	119
	6.1 A mulher nas redes sociais	126
	6.2 Reflexão: a mulher virtuosa	130
	6.3 Mulheres ministras e a liderança	132
7	A carta a todas as mulheres	135
8	As orações da mulher no altar de Deus	141
	8.1 A meditação da Palavra de Deus	144

Conclusão	151
Referências bibliográficas	157

Introdução

Um dia, Eliseu passou por Sunem; havia lá uma rica senhora que o convidou para comer. Depois, sempre que passava por ali, ia até lá para comer. Disse ela a seu marido: "Sei que este homem que passa sempre por aqui é um santo homem de Deus. Façamos-lhe, pois, um pequeno aposento no terraço, onde poremos uma cama, uma mesa, uma cadeira e um candeeiro, para que ali se acomode quando vier" (2Rs 4,8-10 – *Bíblia Mensagem de Deus*).

Propomo-nos a escrever e a meditar pontualmente sobre o trabalho das mulheres na Igreja. Além de serem ministras da pastoral da saúde, da Sagrada Comunhão, catequistas e leitoras, elas exercem vários outros trabalhos na comunidade eclesial, como, por exemplo, coordenações de novenas, coordenação de setores das pastorais e mesmo de pequenas comunidades: lá estão elas, a serviço da comunidade, exercendo algum ministério com esmero e dignidade.

Elas se fazem presentes na linha de frente nos mais variados contextos: na zona rural, as camponesas se apresentam como defensoras da terra e da agricultura familiar. Nos movimentos de acampamentos rurais, as mulheres formam por vezes aquele grupo seleto de revolucionárias. Elas trazem o evangelho para dentro da realidade do dia a dia e procuram vivê-lo. Nesse sentido, justamente por querer viver corajosamente o evangelho até o fim, podemos nos lembrar aqui da irmã Dorothy Stang, que foi cruelmente assassinada em Anapu, no estado do Pará, na Bacia Amazônica do Brasil, no dia 12 de fevereiro de 2005, por fazendeiros grileiros de terras.

Assim como Dorothy, há tantas outras mulheres corajosas, de mãos calejadas, que aprumam suas redes para a pesca, ou vão à caça, em busca do alimento para seu lar. Podemos imaginar a mulher ribeirinha, a do sertão, da favela, do cortiço, da caatinga, do campo, do cerrado, da floresta, da cidade, dos seringais, no Congresso e em tantas partes deste imenso Brasil.

Por outro lado, é triste contemplar muitas mulheres alienadas da vida social com medo de se assumirem cristãs. Infelizmente, encontramos mulheres avessas à sua realidade e acomodadas em seu abastado mundo, cheias de (falsa) segurança, sem se preocuparem com a realidade das pessoas ao seu redor. Muitas nunca viram a fome, a miséria, a "coisificação" da pessoa, a morte, o desespero e vários outros acontecimentos repulsivos e violentos que marcam nosso planeta. Caminham em um mundo abstraído do real e sem uma verdadeira vida.

Por isso, a comunidade eclesial missionária e de base deve também se preocupar com essas situações e anunciar o evangelho vivo, que liberta toda mulher e todo homem. Talvez seja um sinal dos tempos o fato de que nossas comunidades estejam repletas, em sua maioria, de mulheres ativas, a serviço do culto, do altar, da pastoral, da ação social etc. Não seria exagero dizer que em muitas comunidades se encontram as "guerreiras" do reino, que muitas vezes estão em função do cuidado aos irmãos. De fato, não são poucas as pastorais que se alimentam das ações de mãos femininas para coordenarem e organizarem as ações sociais. Ressalta Dom Orani Tempesta, cardeal e arcebispo do Rio de Janeiro:

> Se observarmos todas as pastorais de nossas paróquias, veremos que o número de mulheres é bem maior que o número de homens. Se observarmos as missas, sobretudo as dominicais, em geral, a frequência maior é de mulheres. Através do toque feminino, a Igreja está sempre ornamentada e bonita, pois tem uma equipe formada na maioria por mulheres que cuidam dessa parte de ornamentação na paróquia. As mulheres cuidam das alfaias da igreja e dos paramentos litúrgicos dos sacerdotes[1].

Até dizem por aí, de forma irônica, que, se as mulheres saíssem da Igreja, sobrariam poucas pessoas. São elas que movimentam os trabalhos da Igreja e dinamizam, de forma exemplar, a maioria das nossas atividades eclesiais. Não há como não as valorizar, tendo em vista o serviço desinteressado pelo reino que elas prestam cotidianamente.

As mulheres são uma parte essencial do plano de pastoral, e esse plano não funcionaria sem elas. Muitas vezes elas têm uma participação direta no trabalho de salvação e de resgate

---

1. Disponível em: https://www.vaticannews.va/pt/igreja/news/2024-03/a-mulher-na-igreja.html, acesso em: 17 out. 2024.

de outros irmãos e irmãs por meio do trabalho missionário, no cuidado para com os novos convertidos, no incentivo aos membros das comunidades menos ativos, no cuidado com o espaço sagrado e com as famílias, no ensino na catequese do evangelho e no cuidado com os pobres e necessitados.

Como discípulas de Jesus Cristo, todas as mulheres da Igreja têm a responsabilidade de conhecer e defender os papéis confiados diretamente por Deus à mulher, que incluem o de esposa, mãe, filha, profissional, irmã, tia e amiga. Há, nesse campo, um amplo espectro de atividades com um lastro enorme de possibilidades pastorais, de modo que os trabalhos das igrejas são igualmente vastos e requerem sempre um mutirão de mulheres dispostas a fazerem o evangelho acontecer. Por um especial dom de Deus, elas têm maior sensibilidade nas questões que envolvem o lar, especialmente pelos filhos, nutrindo-os em casa e em outras circunstâncias.

Exercendo seu papel de mães e esposas, com seu exemplo e testemunho de vida, elas resgatam o amor incondicional da família e retribuem, com ternura, o ensino do amor tão presente nos lares e gestos de acalanto nos momentos mais complicados.

Admiramos as mães laboriosas que, ao chegar em casa, ainda têm tempo para cuidar da casa, dos filhos e do marido com ternura incomparável.

De fato, na família e no socorro aos necessitados elas permanecem firmes na fé.

Nessa mesma fé, atualmente as mulheres têm conquistado maior espaço também nas esferas de governo da própria Igreja: elas participam de conselhos que supervisionam as atividades de congregações do mundo inteiro e atuam em cargos de grande responsabilidade à frente de outros importantes organismos no Vaticano.

Entretanto, nem tudo são flores, pois o drama sofrido pelas mulheres – incompreensão, desconsideração, muitas vezes não têm reconhecimento de sua dignidade, sendo consideradas inferiores aos homens em tudo – ao longo da história foi marcado, particularmente no Ocidente, por lutas e duras conquistas. Desde o final do século XVIII e início do séc. XX, quando, de forma mínima, as mulheres passaram a reivindicar seus direitos em busca da tão sonhada emancipação feminina, uma luta foi traçada. Com muita força elas foram se posicionando de forma mais autoral no universo masculino, machista e preconceituoso; foram abrindo portas e trilhando um longo caminho. Uma luta que elas travam até hoje para continuar garantindo o seu lugar no mundo do trabalho – com salários justos e não inferiores aos salários dos trabalhadores do sexo masculino –, dos estudos, dos governos, e também no mundo eclesiástico.

É incontestável que a mulher tem um papel muito particular na história da missão da Igreja. Sua presença, conquistada com muito suor, nos vários setores da sociedade, é a de um grupo de apóstolas dedicadas ao serviço à humanidade.

Quando olhamos para a história da Igreja, desde o seu início, no livro dos Atos dos Apóstolos, encontramos relatos da presença de mulheres que, junto com os discípulos, se mantinham reunidas e em oração, participando daquele evento histórico (cf. At 1,14).

Mais à frente, citaremos também as mulheres que, como hospedeiras da Igreja que estava nascendo, deram-lhe uma notável contribuição: é o caso de Maria, mãe de João Marcos

(At 12,12) e Lídia em Filipos (At 16,15-40). Além de Priscila, que recebeu Paulo em sua casa como se fosse da sua própria família.

Ainda há muitas portas a abrir neste caminho. Ouvimos, ao longo deste processo, que estamos passando, como Igreja sinodal, nas fases de escuta, que o tema das mulheres na Igreja é um clamor, a participação das mulheres na Igreja é um chamado irrecusável. E vemos nas nossas paróquias, nas nossas comunidades, como a ação pastoral é realmente levada a cabo por um número incrível de mulheres que colocaram as suas vidas ao serviço da missão da Igreja, mas, ainda, há falta de mulheres nos espaços de decisão[2].

Enfim, como se pode perceber, o assunto é muito vasto...

Neste livro, vamos tratar da mulher no aspecto daquilo que ela apresenta enquanto presença doadora dentro da comunidade eclesial. Nosso livro tem a missão de valorizar e resgatar os ministérios da mulher na comunidade, de constatar que "ainda há muitas portas a abrir neste caminho". Os temas que abordaremos são pertinentes a esses ministérios voltados à comunidade paroquial.

Tratraremos de diversos temas, como, por exemplo, a mulher na Bíblia – vamos dar uma olhada, de forma rápida, no que a Palavra de Deus nos indica como chamado especial e na vocação cristã da batizada. Também o aspecto sacramental é importante: o batismo, por exemplo, é também um convite ao

---

2. Disponível em: https://www.vaticannews.va/pt/igreja/news/2023-03/valeria-lopez-papel-mulher-igreja.html, acesso em: 17 out. 2024.

serviço eclesial. O fato é que as mulheres parecem responder a esse chamado da parte de Deus muito mais do que os homens, de modo que a presença da mulher na Igreja é um sinal cada vez mais eloquente da parte de Deus.

Além dos dois pontos indicados acima, veremos também algumas questões relacionadas aos ministérios eclesiais e à mulher: a catequista, a ministra, a sacristã, a acólita, a leitora e outros tantos ministérios. Veremos também que há incongruências grandes: embora a mulher esteja no altar para exercer seu ministério, com a mesma dignidade dos ministros do sexo masculino, o fato é que nestes últimos tempos parece que os padres as têm afastado um pouco. A mulher parece ter ficado mais de lado dos trabalhos ligados ao altar nestes últimos tempos.

Temos esperança de que, assim como a mulher consegue transformar as relações dentro da família cristã – pensemos na figura de uma mãe como gestora de relacionamentos construtivos –, de igual modo ela será capaz de transformar as relações dentro da grande família paroquial.

Ao tratarmos da relação entre os ministérios e as mulheres, veremos que, de algum modo, especialmente em seu aspecto missionário, elas "extravasam" o âmbito eclesial, e por isso é preciso ter consciência de que a mulher cristã deve estar engajada também no mundo. A importância da mulher na sociedade, além de ser uma história de resistência, de superações, de conflitos e conquistas, é também a presença de um "cristianismo feminino" no mundo, na direção das empresas, das escolas, e nas decisões políticas mais complicadas. Esse serviço/ministério é de extrema urgência. O mundo carece dessas mãos femininas para tocarem com ternura e compaixão a violência que estraçalha o tecido social.

A importância da mulher na sociedade compreende uma imensidão de campos sociais. Só a experiência feminina pode enriquecer e transformar, ajudando a construir espaços diversificados, dinâmicos, justos e inovadores na sociedade. Esses espaços sociais, se forem marcados pela diversidade de habilidades e talentos femininos, podem produzir soluções mais adequadas para os problemas que enfrentamos atualmente.[3]

Por outro lado, nosso livro não abordará algumas questões pertinentes do momento, como a questão de gênero, nem alguns aspectos sociais, políticos e ecumênicos. Embora tenham importância, seria necessária uma maior quantidade de tempo e... páginas! Nosso foco, portanto, será muito mais simples e se restringirá à dimensão da fé católica, evidenciando a questão da opção e da graça batismal. Só isso já consumirá um esforço de síntese, haja vista a amplitude desse assunto.

Enfim, um elemento que nos servirá como guia, ao longo de todas as páginas deste livro, será o documento *Mulieris Dignitatem*[4], a Carta endereçada às mulheres, escrita por São João Paulo II: nela encontraremos uma inspiração e um modelo de informação sobre a espiritualidade cristã.

---

3. Disponível em: https://brasilescola.uol.com.br/geografia/a-importancia-da-mulher-na-sociedade.htm, acesso em: 17 out. 2024.
4. Disponível em: https://www.vatican.va/content/john-paul-ii/pt/apost_letters/ 1988/documents/hf_jp-ii_apl_19880815_mulieris-dignitatem.html, acesso em: 17 out. 2024.

A mulher na Bíblia

"A graça é enganadora e vã a beleza, a mulher que teme o Senhor será louvada" (Pr 31,30).

Buscando alguns pontos de equilíbrio para vivenciar a importância da mulher na comunidade eclesial, nos dirigimos ao universo bíblico.

As Escrituras são referências para nós. Muitas figuras femininas na Bíblia assumiram seu papel como servidoras do povo de Deus. Vamos ver algumas dessas histórias, que servem como modelo e exemplo de serviço, e que a Bíblia deixou registradas em suas páginas.

Há vários exemplos de mulheres tementes a Deus ao longo das páginas bíblicas e que fizeram a diferença no seu tempo. Essas mulheres destacaram-se em um mundo dominado por homens e, ao serem apresentadas como modelos de fé, coragem e serviço, mostraram que Deus acolhe a todos a fim de cumprir o seu desígnio salvífico.

Descobrir as características e as histórias inspiradoras de algumas personagens femininas que se destacaram na Bíblia, desde o Antigo até o Novo Testamento, é algo importante e que pode iluminar a nossa experiência de vida.

Vejamos algumas curiosidades.

Nos evangelhos, há centenas de referências às mulheres:
Em Mateus, elas aparecem 51 vezes;
Em Marcos, 52 vezes;
Em Lucas 53 vezes;
Em João 54 vezes.
No livro dos Atos dos Apóstolos, as mulheres são mencionadas 55 vezes.

Há ainda vários outros textos no Novo Testamento. Citamos aqui um texto considerado um "modelo" do momento que trata dos "deveres das mulheres cristãs": trata-se da carta atribuída a São Paulo, escrita para Timóteo:

> Quero, também, que as mulheres se vistam e se arrumem de modo decente e simples, sem penteados complicados, nem com joias de ouro e pérolas, nem com vestidos de luxo. É melhor que se enfeitem com boas obras, como convém a mulheres que procuram servir a Deus (1Tm 2,9-10).

Embora este texto contenha elementos culturais de uma época, e por isso ele deve ser compreendido a partir de seu contexto histórico, se, infelizmente, for lido sem uma devida exegese, pode se prestar para a justificação de alguns comportamentos inaceitáveis que visam subjugar a mulher em favor de visões sociais ou litúrgicas muito redutivas e que podem atentar contra a própria dignidade da mulher, como estamos vendo nestes últimos anos em certos ambientes eclesiásticos.

Talvez certos comportamentos devam ser lidos à luz de uma "crise de identidade". Na busca pela definição de posições mais definidas, vive-se o risco de a prepotência masculina continuar fazendo suas vítimas, subjugando as mulheres como segundas interessadas na ação e na presença nos ministérios litúrgicos.

Com preocupação, vemos que, em algumas igrejas, a mulher não sobe no altar há anos! Às vezes, nem os ministros, homens leigos adultos. Parece que está na moda a presença exclusiva apenas de coroinhas. Parece haver aí uma volta saudosista ao passado.

Ainda que haja passagens bíblicas em que a cultura da época se sobressaia negativamente, no geral, a figura da mulher na Bíblia é valorizada e traz grandes surpresas. As esposas dos patriarcas, por exemplo, eram ouvidas, respeitadas e admiradas. As mulheres participavam das celebrações religiosas e sociais, atuavam no plano econômico e tinham voz no campo privado e no público. As mulheres estavam presentes nas festas judaicas (cf. Dt 12,12) e nos sacrifícios (cf. Dt 12,18). Faziam parte da aliança do povo com Deus (cf. Dt 29,10-13) e deviam, como os homens, conhecer e respeitar a lei (cf. Dt 31,12).

Vamos meditar sobre algumas atitudes de mulheres arrojadas, já no tempo bíblico, certamente muito distantes de nós tanto no tempo quanto na cultura, mas que continuam a nos inspirar atitudes corajosas.

Vejamos algumas delas, sem uma preocupação histórica de seguir uma data cronológica. Se você desejar, poderá conferir em sua Bíblia as passagens indicadas abaixo.

Sara

Sara cheia de fé, respeitosa, bonita e mãe do povo de Israel. Sara já idosa, abandonou tudo para viver em tendas pelo resto da vida. Ela ficou sempre do lado de Abraão, o pai da fé e seu marido, para apoiá-lo. Sara creu em Deus e, com 90 anos, o seu sonho realizou-se: ela teve um filho! Deus encheu o seu coração de alegria.

Suas características principais são:

– *Ser cheia de fé:* por ter acreditado que Deus poderia fazer o impossível.

– *Bonita:* capaz de chamar a atenção dos egípcios e do faraó, que quis pagar alto preço por ela.

– *Mãe do povo de Israel:* para sempre lembrada como a mulher escolhida por Deus para gerar seu povo.

> *"E Sara disse: 'Deus me deu motivo para rir; e todos os que ouvirem rirão de mim'" (Gn 21,6).*

Abigail

Quem era Abigail? Ela foi esposa de um homem rico e malvado chamado Nabal. Mas Abigail era sensata e humilde, além de ser muito bonita tanto física como espiritualmente.

O que ela fez? Agindo com sabedoria e discernimento, Abigail evitou que uma tragédia acontecesse. Ela e Nabal viviam na região onde Davi estava se escondendo como fugitivo antes de se tornar rei de Israel. Davi e seus homens protegeram os rebanhos de Nabal enquanto estavam ali. Mas, quando os mensageiros de Davi foram pedir alimentos a Nabal, esse se recusou a ajudar. Davi ficou furioso! Ele e seus homens estavam decididos a matar Nabal e todos os homens da casa dele (cf. 1Sm 25,10-12.22).

"Davi disse a Abigail: 'Bendito seja o Senhor, Deus de Israel, que te enviou ao meu encontro neste dia! E bendito seja o teu discernimento, e bendita sejas tu mesma'" (1Sm 25,32-33).

Ana

Ela era a esposa de Elcana e mãe de Samuel. Samuel se tornou um profeta bem conhecido no Israel antigo (cf. 1Sm 1,1-7). O nome Ana significa "graça", "benevolência" ou "favor". Esse significado vem do hebraico, mas em sua forma grega o nome também possui o mesmo significado.

O que ela fez? Como Ana não conseguia ter filhos, ela buscou a Deus para obter consolo. Ana foi mãe do profeta Samuel, um dos personagens bíblicos mais importantes. Podemos ler sobre a história de Ana nos dois primeiros capítulos do livro de 1 Samuel.

"Ana concebeu e, completados os dias, deu à luz um filho, a quem chamou de Samuel, porque ao Senhor foi pedido. E Ana pronunciou esta oração: 'Exulta meu coração no Senhor, e em meu Deus minha fronte se eleva. Não há Santo como o Senhor, nada além de ti; não há rochedo como o nosso Deus'" (1Sm 1,20–2,1-2).

Dalila

Quem era Dalila? Dalila foi uma mulher que vivia no vale de Sorec e que ficou conhecida na narrativa bíblica por ter sido a responsável por conseguir descobrir o segredo da força de Sansão. Ela foi uma mulher por quem esse juiz israelita se apaixonou (cf. Jz 16,4-5).

O que ela fez? A Bíblia diz que Sansão havia se apaixonado por essa mulher (cf. Jz 16,4) e a via com frequência. Ao perceberem que Sansão estava apaixonado por ela, os príncipes dos filisteus a procuraram e lhe ofereceram suborno em troca do segredo da força de Sansão. Ela aceitou o dinheiro dos oficiais filisteus para trair Sansão. Embora essa sua ação seja moralmente questionável, sua figura representa a força da paixão desordenada e da mulher astuciosa.

"Como podes dizer que me amas se o teu coração não está comigo? Por três vezes me enganaste e não me revelaste em que consiste a tua grande força. Enfim ele lhe abriu todo o seu coração..." (Jz 16,15.17)

Débora

Quem era Débora? Ela foi uma profetisa que o Deus de Israel, Javé, empregou para revelar-lhe qual era a sua vontade em assuntos relacionados ao seu povo. Deus também a utilizou para resolver problemas que existiam entre os israelitas (cf. Jz 4,4-5).

O que ela fez? Débora corajosamente apoiou o povo de Deus em um momento em que não havia lideranças. Ela, corajosamente, foi a primeira juíza de Israel, e, certamente, uma das pioneiras em todo o mundo na arte de governar um povo. Débora, além de profetisa, foi poetisa e líder popular em um tempo da história em que a mulher vivia em situação de inferioridade ao homem.

> *"Faltavam chefes em Israel, faltavam chefes,*
> *até que te levantaste, ó Débora, até que te levantaste,*
> *mãe em Israel!" (Jz 5,7)*

Ester

Quem era Ester? Ela era uma mulher judia que foi escolhida pelo rei persa Assuero para ser sua rainha.

O que ela fez? Ester usou a influência que tinha como rainha para impedir o extermínio do seu povo. Ela descobriu que havia sido emitido um decreto oficial que especificava um dia em que todos os judeus que viviam no Império Persa seriam mortos. Esse plano perverso foi ideia de Hamã, que servia como primeiro ministro, mas, ao final, o rei ouviu Ester e descobriu a verdade, salvando o povo judeu (cf. Est 3,13-15; 4,1-5).

> *"Não te iludas em teu coração, julgando que, por estares na casa do rei, serás a única dentre os judeus a escapar da morte. Pois, se continuares calada, receberão os judeus socorro e salvação de outra parte, ao passo que tu e a casa de teu pai perecereis. E quem sabe se não foi em vista de tal situação que foste elevada à dignidade real?" (Est 4,14)*

Maria de Magdala

Maria de Magdala ou Madalena é frequentemente lembrada como uma das seguidoras mais fiéis de Jesus. Ela foi testemunha da ressurreição de Jesus e foi comissionada por ele para anunciar a boa-nova aos discípulos (cf. Jo 20,11-18).

Maria de Magdala é mencionada três vezes nos evangelhos. Uma primeira vez (cf. Lc 8,1-3) nos é dito que ela fazia parte do grupo de mulheres que seguiam Jesus e o serviam, isto é, supriam as necessidades de seu grupo e assistiam financeiramente no curso de sua missão. Essas mulheres tinham sido curadas de maus espíritos e de enfermidades. Do mesmo modo, Jesus havia libertado Maria de Magdala "de sete demônios" (cf. Lc 8,2). Atualmente, o Papa Francisco instituiu a festa de Santa Maria Madalena, a "apóstola dos apóstolos"[1].

"'Mulher, por que choras? A quem procuras?'. Ela o confundiu com o jardineiro e lhe pediu: 'Senhor, se foste tu que o levaste, dize-me onde o puseste para que eu vá buscá-lo!'. Jesus lhe disse: 'Maria!'. Ela, voltando-se, falou-lhe em hebraico: 'Rabbuni!', que significa 'Mestre'. Maria Madalena foi anunciar aos discípulos" (Jo 20,15-16.18).

Priscila

Priscila é mencionada algumas vezes no Novo Testamento como uma colaboradora fiel na propagação do evangelho. Ela e seu marido, Áquila, trabalharam lado a lado com

---

1. Disponível em: https://www.vatican.va/roman_curia/congregations/ccdds/documents/articolo-roche-maddalena_po.pdf, acesso em: 17 out. 2024.

Paulo na missão de implantar igrejas e ensinar o evangelho (cf. At 18,2.18.26; Rm 16,3-5; 1Cor 16,19).

Essa destemida mulher chamada Priscila, juntamente com seu esposo Áquila, ficaram conhecidos exatamente por desenvolverem uma grande obra evangelística ao lado do Apóstolo Paulo. Priscila representava o retrato de uma mulher forte e competente, ativamente envolvida no ministério cristão.

"Depois disso, Paulo partiu de Atenas e foi para Corinto. Ali encontrou um judeu chamado Áquila, natural do Ponto, que, com sua esposa Priscila, tinha chegado recentemente da Itália" (At 18,1-2)

Maria

Maria, a mãe de Jesus, foi aquela que acolheu e amou a Palavra de Deus, que carregou em seu seio a Palavra viva, que fez a grande experiência do amor e da fidelidade de Deus, por meio de Jesus Cristo.

"No alto da cruz, quando Jesus dá à mulher o discípulo amado por seu filho (Jo 19,26), a Virgem Maria recebe, por herança, a filiação de toda a humanidade, ora representada por João, tornando-se a amorosa mãe da Igreja, gerada por Cristo com o envio do Espírito Paráclito".

A *Lumen Gentium* declara assim:

"O nosso mediador é só um, segundo a palavra do Apóstolo: 'não há senão um Deus e um mediador entre Deus e os homens, o homem Jesus Cristo, que se entregou a si mesmo para redenção de todos' (1Tm 2,5-6). Mas a função maternal de Maria em relação aos homens de modo algum ofusca ou diminui esta única mediação de Cristo; manifesta antes a sua eficácia. Com efeito, todo o influxo salvador da Virgem Santíssima sobre os homens se deve ao beneplácito divino e não a qualquer necessidade" (LG, 60).

"'Alegra-te cheia de graça! O Senhor está contigo. Não tenhas medo, Maria!'. Maria disse então: 'Eis aqui a serva do Senhor. Seja-me feito segundo a tua palavra'. E o anjo a deixou". (Lc 1,28.30.38)

Poderíamos certamente falar de outras mulheres: Eva, Jael, Jezabel, Lia, as várias Marias, Marta, Miriam, Raab, Raquel, Rebeca, Rute, Lídia e tantas outras presentes nos escritos da Bíblia. Mas basta apenas as que acima foram citadas como forma de ilustrar a diversidade e a beleza dos relatos bíblicos. Por outro lado, é importante dizer que o evangelista Mateus acrescenta, à sua narrativa sobre o nascimento do Messias, os nomes de algumas das mulheres de Israel com histórias "não convencionais" na genealogia de Jesus (Tamar, Raab, Rute e Betsabé), bem como a matriarca Raquel, conectando a narrativa de Jesus com a narrativa de Israel e indicando a profundidade do mistério da Encarnação do Senhor, que assume em sua carne toda as contradições dos seres humanos (cf. Mt 1,1-24).

1.1 Jesus e as mulheres do seu tempo

Jesus inaugura um novo tempo para a mulher. Na Palestina, no tempo de Jesus, a mulher continuava sofrendo opressão e discriminação no âmbito da família, da sociedade e do sistema religioso. No entanto, havia aquelas que resistiam a todo tipo de barreiras, e essa resistência foi acolhida por Jesus. Seus gestos e atitudes provocam reações de surpresa e escândalo entre os escribas, fariseus, rabinos e, inclusive, entre os próprios discípulos. Jesus acolhe as mulheres, cura, resgata e as trata com igual dignidade (cf. Lc 7,36.8,1-13; Mt 9,20; Mc 15,41; Jo 4,7-15).

Jesus foi revolucionário na sua forma de tratar as mulheres. Permitiu que fossem suas discípulas – no seu tempo, mulheres não podiam estudar a fundo as Escrituras; Jesus permitiu que aprendessem junto com os homens (cf. Lc 10,39). Tinha compaixão das mulheres – Jesus não as ignorava, mas atendia a seus pedidos e as ajudava (cf. Lc 7,12-15). Apareceu primeiro a uma mulher – quando ressuscitou, Jesus apareceu primeiro a Maria Madalena e lhe deu a tarefa de anunciar sua ressurreição aos discípulos (cf. Jo 20,16-18).

Jesus não compartilhava da divisão entre homens e mulheres do seu tempo. Soube incluir as pessoas, considerando a todos em pé de igualdade.

Frequentemente as mulheres são as beneficiárias privilegiadas dos milagres de Jesus (cf. Mc 1,29-31; Mc 5,23-34; Mc 7,24-30; Lc 8,2 etc.). Jesus cura-as para que assim elas possam participar da comunidade, como seres humanos inteiros. Jesus se deixa tocar pela mulher com hemorragia ("Ela aproximou-se por detrás, no meio da multidão..."), a qual fica curada, e, ao permitir que ela o tocasse, ele quebra o preconceito contra a impureza legal da época (cf. Mc 5,25-34). O mesmo ocorre com a cura da filha de Jairo: Jesus mais uma vez infringe o preceito de pureza legal e toca num cadáver (cf. Mc 5,21-24.36-43).

Além disso, são as mulheres que aparecem, no texto bíblico, acompanhando de perto a crucificação e, depois, envolvidas nos trâmites do sepultamento de Jesus. Depois, quando Jesus ressuscitou, ele apareceu primeiro a uma mulher (cf. Jo 20,16-18). Também na sequência da história da Igreja primitiva, as mulheres surgem trabalhando ativamente para o Senhor nas comunidades cristãs no primeiro século. O evangelho de João (12,1-9) faz referência ao serviço prestado pelas mulheres. Aqui podemos citar Dorcas, Lídia, Priscila etc.

Na Igreja primitiva, as mulheres participavam lado a lado com os homens na evangelização, e, dessas mulheres, há referências a algumas, tais como a Júnias da carta de Paulo aos romanos: "Saudai Andrônico e Júnias, meus compatriotas e companheiros na prisão, muito conceituados entre os apóstolos discípulos de Cristo já antes de mim" (Rm 16,7).

Pode-se dizer que as mulheres tiveram um papel fundamental no processo de expansão do cristianismo ainda no primeiro século. O evangelista Lucas, por exemplo, relata que elas desempenhavam importantes funções como missionárias e pregadoras do evangelho. Paulo qualifica e elogia as mulheres durante sua jornada missionária. Algumas dessas mulheres são mencionadas nominalmente para sinalizar sua importância: por exemplo, Lídia, a rica comerciante de púrpura, que foi a primeira convertida na cidade de Filipos e que colocou sua casa à disposição da comunidade local. Nesse período, a fé é celebrada nas *domus*, ou casas, normalmente de pessoas mais abastadas por serem maiores. É precisamente desse costume que surge a ideia da "igreja doméstica", isto é, da comunidade (Igreja) que se reúne nas casas (*domus*) (cf. At 16,5).

Há outras mulheres que faziam parte desta comunidade primitiva, cujos nomes aparecem na carta de São Paulo aos Filipenses: Evódia e Síntique. Tais mulheres deviam ser muito importantes, uma vez que o referido apóstolo se preocupava com as repercussões que podiam ter para a comunidade a rivalidade que surgia entre elas (cf. Fl 4,2-3).

Assim como Lídia, Febe, Priscila, Maria, Júnia, Trifena, Trifosa, Pérside, Júlia, Olimpas, Macrina, Mônica e outras que, muitas vezes, aparecem como anônimas, ainda que dentro de relatos muito breves, mostram que a Igreja não foi constituída na sua base apenas pelos apóstolos. Houve mulheres apóstolas que se destacaram e trabalharam laboriosamente pelo acolhimento e anúncio do evangelho de Jesus Cristo, testemunhando-o com suas vidas.

O cuidado das mulheres, não somente na divulgação da fé, era sentido também no cuidado com as questões sociais; pode-se até mesmo dizer que o zelo espiritual das mulheres "explodiu" na mesma proporção em serviço social. Fabíola fundou o primeiro hospital cristão da Europa. Muitas outras mulheres da Igreja encontraram forte oposição de suas famílias por gastar sua riqueza de forma tão generosa na ajuda aos pobres. Esse ministério abnegado se tornou uma marca registrada das mulheres cristãs[2].

Jesus deu muita atenção às mulheres, e na Igreja primitiva muitas foram mártires por defenderem a fé cristã (Inês, Anastácia, Tecla, Filomena, Perpétua, Felicidade, Luzia etc.). Inês, a jovem cidadã romana, é uma (talvez a mais conhecida e

---

2. Disponível em: https://paleoortodoxo.com/2021/11/10/a-historia-negligenciada-das-mulheres-na-igreja-primitiva/, acesso em: 17 out. 2024.

celebrada) das figuras femininas que integram o ilustre grupo de mártires cristãos, vítimas das perseguições empreendidas pelas autoridades romanas nos primeiros séculos do cristianismo. Efetivamente para a Igreja primitiva o papel da mulher ganha particular importância, pois o cristianismo desenvolve suas celebrações e sua espiritualidade dentro dos ambientes domésticos, campo de atuação preponderantemente feminino. É assim que as mulheres vão desenvolvendo um papel de liderança dentro das comunidades cristãs, que se reúnem nas casas. Assim como no início, as mulheres

> [...] fizeram [o que haviam feito] anteriormente no ministério de Jesus, e de igual força e fidelidade demostrada para com Cristo elas demostraram para com a Igreja, já que elas foram testemunhas oculares da crucificação, responsáveis por transmitirem a ressurreição de Cristo e encorajarem os discípulos que fugiram a permanecerem fiéis, e, posteriormente, algumas delas também foram presas e levadas ao martírio[3].

Terminemos com dois textos do Novo Testamento sobre a importância da presença feminina na ação da Igreja primitiva.

Atos 9,36-40:
"Em Jope, havia uma discípula chamada Tabita, nome que se traduz por 'Gazela'. Praticava muitas boas ações e era

---

3. Lemos, Carolina Teles; Gomes, Ruan Fillipe da Silva, A Mulher e sua Importância para a Igreja Primitiva, *Reflexus*, v. 17, n. 1 (2023) 203.

generosa nas esmolas que fazia. Ora, aconteceu que naqueles dias ficou doente e veio a falecer. Então lavaram o corpo e o colocaram no andar superior. Como Lida estava perto de Jope, os discípulos ouviram falar que Pedro se encontrava lá. Mandaram dois homens chamá-lo com estas palavras: 'Não demores em vir até nós'. Pedro partiu imediatamente com eles. Logo que chegou, conduziram-no ao andar superior. E todas as viúvas se aproximaram dele. Elas choravam e lhe mostravam os vestidos e outras roupas que Tabita fazia quando estava com elas. Pedro mandou que todo mundo saísse de lá, ajoelhou-se e rezou. Depois voltou-se para o cadáver e disse: 'Tabita, levanta-te'. Ela abriu os olhos e, fixando-os em Pedro, sentou-se no leito".

Romanos 16,1-2:
"Recomendo-vos nossa irmã Febe, que está a serviço da Igreja de Cencreia: acolhei-a no Senhor, como convém a santos. Ajudai-a em tudo o que precisar de vós, porque ela também tem ajudado muitos e em particular a mim".

Lições de mulheres.
Clara de Assis escreveu a primeira regra monástica para mulheres: nunca mais a sua comunidade dependeria das *dádivas* dos ricos. E isso significaria que todas as suas irmãs seriam iguais. O bispo resistiu-lhe com veemência e só cedeu quando Clara estava no leito de morte. Apesar do seu medo da Inquisição, Teresa de Ávila indicou novas formas de experimentar a presença de Deus no centro da nossa existência e nas instituições e sacramentos da Igreja. Durante a epidemia da Peste Negra, Juliana de

Norwich proclamou um Deus misericordioso que não condenava à perdição eterna aqueles que morriam antes de receber a absolvição, como a Igreja dava a entender na época. "Tudo correrá bem, tudo irá correr bem", dizia aos seus concidadãos desesperados. Em geral, as doutoras da Igreja-mulher, como Teresa de Ávila, Hildegarda de Bingen, Teresa de Lisieux e Catarina de Sena, testemunharam um Deus de misericórdia, não de julgamento[4].

---

4. SCHENK, CHRISTINE, As mulheres da Igreja primitiva ignoraram as tentativas de as silenciar, disponível em: https://www.vaticannews.va/pt/igreja/news/2024-03/sisters-project-historia-vida-consagrada-quarta-parte-igreja.html, acesso em: 18 out. 2024.

A vocação cristã da batizada

A palavra vocação indica um chamado da parte de Deus. O batismo é, de certo modo, o ápice desse chamamento que Deus faz aos seus filhos e filhas. Na Igreja antiga, tudo começava com o anúncio do evangelho. Ao ter o coração tocado pela Palavra viva de Deus, a pessoa procurava se informar mais e, normalmente, iniciava um caminho de preparação – o catecumenato – que culminava com a celebração do batismo. Os neófitos, ou recém-batizados, continuavam seu itinerário com um período de mais catequeses, em que se enfatizava a especial importância da nova realidade de ser filhos e filhas de Deus.

Embora o batismo tenha mantido sua importância na Igreja enquanto sacramento, com o passar dos séculos houve algum descompasso em certos aspectos da percepção da dignidade batismal e que sentimos até os dias de hoje. A título de exemplo, pensemos na seguinte situação: muitas vezes, quando se quer falar com algum representante da Igreja, logo se procura algum padre ou bispo para falar em nome da Igreja. De certo modo, é natural que se aja assim, porém quase nunca pensamos em dar voz a um leigo ou uma leiga engajados e que poderiam muito bem representar a Igreja. Em nossa percepção, os simples fiéis leigos são como que "cristãos de segunda classe". Basta ver o papel do leigo na liturgia antes do Concílio Vaticano II: era um mero assistente.

Foi o Concílio Vaticano II que, após os estudos de grandes teólogos da Igreja, como, por exemplo, os padres Marie-Dominique Chenu (1895-1990) e Yves Joseph Congar (1904-1995), fez uma "descoberta" da importância do laicato e ofereceu uma revalorização dessa dimensão na Igreja.

Os grandes documentos do Concílio Vaticano II (as Constituições *Sacrosanctum Concilium*, sobre a liturgia; *Dei Verbum*, sobre a Palavra de Deus; *Lumen Gentium*, sobre a Igreja; e *Gaudium et Spes*, sobre as relações entre a Igreja e o mundo) trazem afirmações de importância fundamental para esse caminho de revalorização não só do laicato, mas também da comum vocação batismal de todos os fiéis na Igreja, que é chamada de "Povo de Deus" (e aqui não se deve entender por "povo" apenas o laicato, mas *todos* os batizados, o que inclui os ministros ordenados).

Seguindo essa linha dada pelo concílio, a Igreja presente na América Latina elaborou um aprofundamento dessas afirmações por meio dos enunciados dos documentos das conferências episcopais latino-americanas de Medellín (1968), Puebla (1979), Santo Domingo (1992) e Aparecida (2007), que destacam a dignidade laical reconhecida e cultivada no cenário religioso e territorial da América Latina.

Dando longos e profundos passos, a teologia foi se revelando de forma impactante, especialmente para aqueles que não desejam a evolução do pensamento teológico. "O cristão, se quiser saldar seu compromisso com o mundo, não pode ficar indiferente à opressão existente na sociedade e, sobretudo, no mundo do trabalho. Seu compromisso com o mundo não o leva tão somente à construção deste, nem só a uma reforma constante no seio da Igreja, mas também a um empenho pela libertação do homem."[1]

O caminhar da Igreja é lento, mas constante. Yves Congar afirma que o testemunho, a vivência das realidades terrestres e o engajamento na história também são meios pelos quais os leigos exercem atividades sagradas, sendo "chamados a fazer a obra de Deus neste mundo [...] enquanto cristãos, em um verdadeiro engajamento no dar a luz ao mundo"[2].

O leigo, ainda, encontra muitos obstáculos na sua missão e vocação. Suas atividades são ainda tímidas e os passos lentos – ou quase parando –, devido ao autoritarismo existente no clero, que, também, demanda seu espaço de doutrinação e respeito. "Ainda há muita coisa a fazer para curar os leigos de sua mania de sempre procurar determinações que os dispensem de pensar por si mesmos em seus problemas, e os clérigos de seu hábito de prever, decidir e prescrever tudo."[3]

E se há ainda muitos desafios que emperram o caminhar dos leigos na Igreja, ao que parece, essas dificuldades dobram quando se trata das leigas. Quando, por exemplo, na paróquia não se dá abertura à ação das leigas, os trabalhos ficam pela metade e a evangelização não caminha. As leigas estão, aos montes, prontas para dar o seu "sim" ao trabalho de

---

1. MOSER, ANTONIO, *O compromisso do cristão com o mundo na Teologia de M.-D. Chenu*, Petrópolis, Vozes, 1974.
2. CONGAR, YVES MARIE JOSEPH, *Os leigos na Igreja. Escalões para uma teologia do laicato*, São Paulo, Herder, 1966, 35.
3. Ibidem, 643-644.

evangelização, mas a maioria está na espera de um chamado, de um convite que quase nunca vem...

É verdade que o batismo nos lança à missão, mas frequentemente carece de um despertar para a ação, pois nem sempre os ministros ordenados têm olhos para ver a realidade do povo. Contudo, o processo de evangelização entra em cheio nessa dinâmica de envolvimento das mulheres na comunidade.

Dando um salto na reflexão e voltando ao ensinamento do Concílio Vaticano II, atentemos à ideia de povo de Deus presente na *Lumem Gentiun*. É importante notar que a Igreja, por meio do magistério conciliar, abre a porta para a ação do leigo, como destaca a teóloga Maria Freire:

> Tornar-se sujeito protagonista da Igreja, afirmando a dignidade comum dos membros batizados do povo de Deus. A *Lumem Gentium*, consequentemente, assinala de forma decisiva a teologia do laicato, dando-lhe uma moldura peculiar e uma estrutura eclesiológica integral. Essa teologia situa-se na perspectiva missionária da Igreja. Ao apresentar a Igreja como povo de Deus, criou-se espaço para situar o leigo no seu interior. O leigo passou a ser visto como aquele que participa ativamente em toda a obra e missão da Igreja[4].

Quantas sementes poderão ser lançadas nesse terreno fértil da vocação Cristã! Muitas mulheres estão esperando, na fila,

---

4. SILVA, MARIA FREIRE DA, O laicato nos documentos do Concílio Vaticano II, *Revista Estudos Teológicos*, v. 52, n. 1 (jan./jun. 2021) 64.

a sua vez para despertar o sentimento de pertença ao reino (cf. Mc 4,26-28).

2.1 As santas mulheres

Não nascemos santos, mas é um processo de santificação no caminhar diário. A busca pela santidade é um chamado fundamental na vida cristã. A palavra santidade, muitas vezes, nos remete a um conceito elevado e misterioso, mas, na realidade, está intrinsecamente ligada à jornada espiritual de cada pessoa.

Ser santa é buscar a perfeição, pois o ser humano, por natureza, é imperfeito e inclinado ao pecado, por conta da condição humana. Por outro lado, também ele é destinado, naturalmente, a buscar o Senhor e possui a sede do seu encontro. A caminhada para a santidade busca exatamente encontrar esse equilíbrio e a revisão diária das atitudes.

Talvez a mais importante das perguntas: como buscar a santidade?

Destacamos quatro pontos que podem ajudar você nessa busca importante:

1. *Compromisso com a Palavra de Deus:* a Bíblia tem muito a nos ensinar sobre a santidade. Quando nos dedicamos ao seu estudo e aplicamos suas verdades em nossa rotina diária, experimentamos uma transformação profunda (cf. 1Pd 1,15-16; Jo 17,17; 2Cor 7,1; Lv 11,44; Fl 2,14-16).
2. *Vida de oração:* ela é essencial na busca pela santidade. Cultivar uma conexão com Deus fortalece sua dependência

e nos certifica a resistir às tentações e vencer os desafios que aparecem na caminhada. Neste tempo de redes sociais e movimentos conservadores, sempre nos deparamos com informações sobre atitudes e hábitos a serem praticados como caminho ou expressão de santidade. A maioria dessas informações, entretanto, se concentra em uma santidade exterior. Por exemplo: há uma preocupação desmensurada sobre a questão das vestes: véu, saia comprida etc. Algumas mulheres chegam a se perguntar: "Será que estou vestida da maneira que Deus se agrada?". Embora haja alguma pertinência nesse tipo de preocupação, é preciso dizer que devemos nos preocupar muito mais com a santidade interior, justamente para não incorrer nas palavras de Jesus e nos tornarmos "sepulcros caiados" (cf. Mt 23,25-28).
3. *Comunhão com outros cristãos*: o apoio e a comunhão com outros irmãos são fundamentais. Em um ambiente de encorajamento, podemos crescer espiritualmente, compartilhar experiências e buscar a santidade juntos.
4. *Arrependimento, sacramentos e vida apostólica*: a prática regular do arrependimento e da confissão é vital. Reconhecer nossas falhas e buscar a reconciliação com Deus, com o próximo e nos manter sensíveis ao seu Espírito, permitindo que ele continue a nos transformar.

Esse aspecto, que é fundamental, nos leva a entender a santidade de vida presente na mulher de Deus. Desses procedimentos decorrem os demais temas de vida para o aperfeiçoamento da vida cristã.

Apesar do que foi dito, podemos ainda nos perguntar: "E o que a santidade não é?".

Santidade não é ser superior a outras pessoas. Ninguém é melhor que os outros porque reza mais horas ou porque lê a Bíblia com mais frequência. Também não se é mais santo porque alguém se confessa todos os dias, participa dos demais sacramentos e faz todos os devocionais que aparecem na internet. Embora essas coisas sejam importantes para cultivar a santidade, a verdade é que *somos santos por causa da graça de Deus*, e não porque "fizemos por merecer".

Naturalmente devemos nos esforçar para viver de maneira santa, mas isso não nos dá o direito de desprezar os outros. O caminho da santidade passa pela humildade e simplicidade. A prática e a vivência da misericórdia é um caminho a ser seguido.

Na crise que vivemos atualmente e que diz respeito à identidade cristã, é mais fácil ficar rezando o dia inteiro para que Deus venha em nosso auxílio do que sair a campo em busca da ovelha perdida (cf. Jo 10). Vivemos em um tempo em que se imagina que o reino já nasça "pronto e adulto". Não, não é assim: é preciso cavar a terra, organizar o plantio, adubar, regar... Essa parte não é mais com Deus, mas diz respeito a nós!

A santidade é um estilo de vida! Há que dizer, entretanto, que há figuras femininas de alta luminescência em cada século cristão: Tecla de Icônio, Santa Luzia, Santa Bárbara da Nicomédia, Santa Mônica de Tagaste, mãe de Santo Agostinho; e na idade moderna Santa Clara de Assis, Joana d'Arc e Santa Rosa de Lima, Santa Rita de Cássia, Santa Dulce dos pobres Santa Hildegard von Bingen, Santa Catarina de Sena, Santa

Teresa de Calcutá, beata Nhá Chica de Baependi, de Minas Gerais, e tantas outras que nos servem de exemplo[5].

Se quisermos resumir em uma frase, diríamos que "a santidade é uma jornada".

Algumas decisões são fáceis de tomar, outras são desafiantes e difíceis. O mais inquietante, entretanto, não é a santidade em si, mas sua dimensão vivencial e constitucional. O caminho da santidade passa por um desfiladeiro alcantilado e com horizontes, por vezes, não agradável. Entretanto, não podemos deixar de notar, com São João Paulo II, que são santas as mulheres:

> "[...] que imitaram fielmente a pobreza de Cristo e que o exercício incomum das virtudes cristãs e o carisma divino recomendaram à devoção piedosa e imitação dos crentes" [e, ainda,] "os principais heróis do cristianismo e modelos para a vida cristã, pois mostram caminhos, abrem pistas de santidade, apontam ideais, inspiram coragem e imploram favores divinos"[6].

A discussão sobre o papel da mulher na Igreja tem sido um tema de grande importância e relevância nos tempos atuais.

No passado, parecia que, para ser santa, a mulher teria que entrar em uma congregação religiosa e se tornar monja ou freira. Nada mais longe da verdade: a santidade é uma proposta para todos, e algumas canonizações nos mostram isso de forma

---

5. Cf. DOMEZI, MARIA CECILIA, *Mulheres que tocam o coração de Deus*, Petrópolis, Vozes, 2019.
6. PAPA JOÃO PAULO II, *Constituição Apostólica Divinus Perfectionis Magister*, 25 jan. 1983.

muito adequada. Sendo assim, não podemos deixar de indicar aquelas mães que chegaram ao grau de santidade e foram reconhecidas por essa virtude, como Santa Ana, a mãe da Virgem Maria; Santa Helena (270-329), mãe do imperador Constantino; Santa Mônica (332-387), mãe de Santo Agostinho; Santa Clotilde (474-545); Santa Rita de Cássia (1381-1457); Santa Elizabeth Ann Seton (1784-1821); Beata Ângela de Foligno (1249-1309); Santa Isabel de Portugal (1274-1336); Santa Zélia Martin, mãe de Santa Teresinha de Lisieux (1831-1877); Santa Gianna Beretta Molla (1922-1962); e tantas outras...

2.2 A mulher Maria de Nazaré

A mulher no exercício de um ministério não pode prescindir da devoção exemplar à Virgem Maria. Contudo, é preciso ter alguma atenção. Hoje em dia, fala-se muito sobre "tipos" de Maria que não são conforme a fé cristã (basta termos presente o *Catecismo da Igreja Católica*) e a tradição da Igreja (o aspecto teológico). Antes de assumir alguma devoção e ter Maria como a sua mentora espiritual é preciso ter o cuidado de buscar com pessoas esclarecidas se determinada devoção condiz com o pensamento da Igreja.

Pela quantidade de abusos que se vê em relação ao tema mariano, logo se percebe que carecemos de mais atenção sobre o que se fala sobre Maria. É preciso ter cuidado com as pessoas em geral, mas o que nos interessa aqui neste livro é que as mulheres não fiquem presas aos devocionais baseados sobre supostas aparições e revelações marianas feitas a determinadas pessoas "iluminadas". Essas supostas revelações, por mais bonitas que pareçam ser, não se equiparam com a Revelação divina, e, portanto, após um acurado julgamento da Igreja, devem ser eventualmente descartadas. A Igreja é muito cautelosa e tem aprovado pouquíssimas aparições como verdadeiras.

A mulher que exerce um ministério deve ser sempre cuidadosa e criteriosa. Por exemplo: os meses de maio e outubro são especiais para as devoções marianas. Deve-se ter muito cuidado em relação às redes sociais que divulgam todo tipo de devoção para angariar adeptos nas redes. Em geral, a verdadeira devoção mariana se faz por meio do rosário, do ângelus e do ofício de Nossa Senhora.

Diante de algumas manifestações, marcadas pelo anseio de alguns em apresentar novidades e colher *likes* na internet, é melhor que continuemos com Nossa Senhora da Conceição de Aparecida, que é amiga do seu povo e conhece a dor dos pobres e oprimidos. No seu santuário, na cidade de Aparecida, se presta o culto devido a Maria. As romarias e peregrinações se expandem nesse sentido: o de comungar com os pobres e oprimidos.

É o que podemos perceber, em Maria, no seu canto de exultação:

> Então, Maria disse: "Minha alma engrandece o Senhor, meu espírito alegra-se intensamente em Deus meu Salvador, porque olhou para a humildade da sua serva. De agora em diante, todas as gerações me chamarão bem-aventurada, porque o Todo-Poderoso fez em mim grandes coisas. Santo é Seu Nome e Sua misericórdia se estende de geração em geração sobre os que o temem. Manifestou a força de seu braço, dispersou os homens de coração soberbo. Derrubou os poderosos de seus

tronos e elevou os humildes. Deixou os famintos satisfeitos, despediu os ricos de mãos vazias" (Lc 1,46-52).

No Novo Testamento há diversas tradições sobre a figura de Maria. Marcos, por exemplo, a apresenta como mulher do povo que participa de sua mentalidade. Além disso, os demais evangelhos sinóticos (Mt e Lc) apresentam uma visão bem elaborada sobre a fisionomia espiritual da Virgem Maria. O quarto evangelista (João), por sua vez, destaca sua fidelidade e seu significado junto à comunidade cristã.

Contam os evangelhos que Maria estava prometida para ser esposa de um carpinteiro justo e honrado que se chamava José. Ambos pertenciam ao povo humilde, pois se diz que eles, por ocasião da apresentação de Jesus no Templo, fizeram a oferta dos pobres (cf. Lc 2,24). Também corrobora esse pensamento a admiração do povo em relação a Jesus, que "fala tão bem", e adicionam em seguida: "Mas não é este o filho do carpinteiro e de Maria?" (Mc 6,2).

No catolicismo encontramos, em Maria de Nazaré, um equilíbrio de espiritualidade. Talvez aqui devêssemos apresentar algumas distinções a respeito da devoção mariana. Em primeiro lugar é preciso deixar claro que nós, católicos, não adoramos Maria, apenas a veneramos como uma mulher importante na história do cristianismo. Embora algumas expressões devocionais marianas sejam exageradas, o fato é que a Igreja nunca apoiou manifestações de exageração em relação ao papel da Virgem no âmbito da ação de Deus. Como já acenado a respeito de algumas devoções marianas, especialmente naquilo que tocam as chamadas "revelações" e "aparições" de Nossa Senhora, na grande maioria dos casos trata-se de iniciativas pessoais e que não estão em comunhão com a Igreja Católica.

De fato, o *Catecismo da Igreja Católica* (CIC) apresenta o mistério da Virgem Maria baseando-se em dados da Sagrada Escritura, da tradição da Igreja e do magistério eclesiástico, para que os cristãos possam conhecê-la melhor e cultivar para com ela verdadeiro culto[7].

O Catecismo destaca o mistério da Virgem Maria sempre relacionado ao mistério de seu Filho, o Cristo Salvador, em duas partes principais: "Nascido da Virgem Maria" (CIC, n. 487-511) e "Maria – Mãe de Cristo, Mãe da Igreja" (CIC, n. 963-975). Faz também referências a ela em muitos outros números.

Algumas recomendações marianas[8]:
- "A fé de Maria é sublime e exemplar (firme e permanente e adesão ao plano de Deus). Ela realiza de maneira mais perfeita a obediência da fé. 'Na fé, Maria acolheu o anúncio e a promessa trazida pelo arcanjo Gabriel, acreditando que *nada é impossível a Deus* (Lc 1,37) e dando seu assentimento: 'Eu sou a serva do Senhor; faça-se em mim segundo a tua palavra' (Lc 1,38). Isabel a saudou: 'Bem-aventurada a que acreditou, pois o que lhe foi dito da parte do Senhor será cumprido'" (Lc 1,45).
- "Toda a vida de Maria é relacionada com a vida de Jesus Cristo, o Salvador do gênero humano (o Espírito Santo

---

7. Nesse sentido, além do *Catecismo da Igreja Católica*, uma boa fonte de informações poderá ser encontrada no site da Academia Marial de Aparecida, disponível em: https://www.a12.com/academia/, acesso em: 18 out. 2024.

8. Os textos abaixo são de autoria do padre redentorista Eugênio Bisinoto. Disponível em: https://www.a12.com/academia/artigos/a-virgem-maria-no-catecismo-da-igreja-1#:~:text=A%20f%C3%A9%20de%20Maria%20%C3%A9,(Lc%201%2C38), acesso em: 18 out. 2024.

prepara o projeto amoroso do Pai). Ela é a 'obra-prima da missão do Filho e do Espírito na plenitude do tempo'".
- "Maria aceita o projeto amoroso de Deus, tornando-se mãe de Jesus Cristo (cf. Lc 1,37-38; Jo 2,1; 19,25; CIC, 484, 967-968). Ela se torna mãe da Igreja na ordem da graça. Quando dizemos que Maria é mãe da Igreja estamos confirmando o seu papel singular na encarnação, gerando em seu seio o Filho de Deus feito carne e dando-o para a salvação do mundo. Cristo é a cabeça da Igreja (Ef 1,22), nós seus membros (1Cor 12,27). Se Maria é mãe de Jesus, cabeça da Igreja, que é um corpo, não poderá deixar de ser também mãe dos seus membros. É o argumento de Santo Agostinho, citado em *Lumen Gentium*, número 53. Maria é mãe de todos os homens pela graça de Cristo redentor".

> A Bem-aventurada Virgem avançou na peregrinação de fé, e manteve fielmente a sua união como Filho até à cruz, junto da qual esteve de pé, não sem um desígnio divino; padeceu acerbamente com o seu Filho único e associou-se com coração de mãe ao seu sacrifício, consentindo amorosamente na imolação da vítima que dela nascera; e, por fim, foi dada por mãe ao discípulo pelo próprio Jesus Cristo, agonizante na cruz, com estas palavras: "Mulher, eis aí o teu filho" (Jo 19,26-27)[9].

No canto do *Magnificat* (cf. Lc 1,46-55), "tecido pelos fios de toda a história do povo de Deus", Maria louva a Deus relatando as *mirabilia Dei*, ou melhor, as maravilhas que Deus realiza

---

9. CIC, 964.

nela, no mundo e no seu povo. No *Magnificat*, "o 'espelho da alma de Maria', a espiritualidade dos pobres de Javé e o profetismo da Antiga Aliança encontram o seu cume"[10].

Segundo Afonso Murad, nesse cântico destacam-se alguns aspectos da identidade de Maria: sua fé, sua gratidão a Deus e a abertura de sua interioridade, com uma percepção real de si mesma (Lc 1,46-50); o seu profetismo, quando proclama a vinda do Reino de Deus e a sua ação transformadora nas relações sociais, lugar onde a grandeza de Deus se revela em se fazer próximo dos que são excluídos (Lc 1,51-53); e a sua consciência histórica que, quando recorda a ação de Deus e sua fidelidade a partir da promessa de Abraão, mantém seus olhos abertos sobre o mundo e enxerga a dinamicidade da realidade (Lc 1,54-55). O seu comprometimento com a realidade e a sua voz profética são fundamentais na recuperação da identidade da mulher e de seu valor para a Igreja[11].

Para concluir, alguns pensamentos sobre Maria:

- "Deus ajuntou todas as águas e deu nome de mar, e ajuntou todas as graças e deu nome de Maria" (São Luís de Montfort).
- "Maria é na cristandade inteira o mais nobre tesouro depois de Cristo, e que nunca poderemos exaltar o suficiente a mais nobre imperatriz e rainha, exaltada e bendita acima de toda nobreza, com sabedoria e santidade" (Martinho Lutero).

---

10. RONSI, FRANCILAIDE QUEIROZ, *Encontros Teológicos*, Florianópolis, v. 35, n. 1, jan./abr. 2020.
11. MURAD, AFONSO TADEU, *Maria, toda de Deus e tão humana. Compêndio de mariologia*, São Paulo, Paulinas/Santuário, 2012, 72.

- "Sabemos muito bem que a Virgem Santíssima é a rainha do céu e da terra, mas ela é mais mãe do que rainha" (Santa Teresinha).
- "A Virgem Maria... É reconhecida e honrada como sendo verdadeiramente a Mãe de Deus e do Redentor... Ela é 'claramente a mãe dos membros de Cristo... Maria, Mãe de Cristo, Mãe da Igreja'" (CIC, 983).
- "Minha alma engrandece ao Senhor, e o meu espírito se alegra em Deus, meu Salvador, pois atentou para a humildade da sua serva" (Maria, Mãe de Jesus, em Lc 1,46-47).

3
A mulher na Igreja

O trabalho mais assertivo da leiga e do leigo é aquele do seu protagonismo e engajamento. Não é uma tarefa fácil para os dias atuais. Às vezes parece que estamos ensaiando "caminhar para trás". Em algumas dioceses o trabalho de desmonte é muito grande. "O laicato precisa ser sujeito também pelo exercício de ministérios, como o ministério da coordenação de serviços de pastoral e mesmo da coordenação de comunidades eclesiais, sempre com o cuidado da inclusão das mulheres."[1]

À medida que refletimos sobre o papel da mulher na Igreja, somos desafiados a reconhecer e valorizar a diversidade de dons, talentos e perspectivas que cada membro traz para a comunidade cristã. Mulheres e homens são chamados a se unirem em um espírito de amor, serviço mútuo e cooperação, buscando juntos o avanço do Reino de Deus neste mundo[2].

---

1. BRIGHENTI, AGENOR, *O laicato na Igreja e no mundo. Um gigante adormecido e domesticado*, São Paulo, Paulinas, 2019.
2. BATTISTI, D. ANUAR, *O papel da mulher na Igreja. Empoderamento, serviço e liderança*, disponível em: https://www.cnbb.org.br/o-papel-

Conforme já dissemos, a presença da mulher em quase todos os setores de atividades da Igreja é incontestável. Sempre estão dispostas ao serviço. Na nossa paróquia elas estão no acolhimento, na liturgia, no canto, no serviço ao altar, no cuidado com os doentes, na pastoral social, nas diversas pastorais, no testemunho de vida familiar e no engajamento social e político.

A presença da mulher na Igreja não está somente nas celebrações das missas. Elas assumem compromisso de coordenação e direção dos conselhos. O conselho de pastoral é composto de mulheres; na coordenação dos assuntos econômicos das comunidades elas ativam as grandes urgências na administração e encaminhamentos da vida paroquial.

No trato das secretarias paroquiais estão as mulheres presentes de forma sábia, equilibrada e competente. Em nossa diocese sempre nos encontramos com as secretárias para dias de formação, espiritualidade e integração dos conteúdos das programações diocesanas. Um chamado para responsabilidade, atualização e lazer faz parte da dinâmica dos encontros.

As mulheres estão presentes nos serviços de assessoria de comunicação e em outros espaços comunicacionais das comunidades. Mas também não se negam a fazer os trabalhos mais humildes, como a limpeza das igrejas, seja como profissionais ou como voluntárias. O fato é que é muito bom encontrar uma igreja limpa, asseada e bem cuidada. O cuidado com as alfaias, a lavagem dos materiais litúrgicos em preparação à celebração, em geral, é um trabalho humilde feito pelas mulheres, que deixam assim um rastro de bom perfume (cf. 2Cor 2,15).

---

da-mulher-na-igreja-empoderamento-servico-e-lideranca/, acesso em: 21 out. 2024.

Outra área muito sensível é a do trabalho pastoral na área da saúde, em que as mulheres fazem o atendimento aos enfermos. Tanto nas paróquias, como nos hospitais e nas casas de saúde, há um batalhão de mulheres que se dispõem a fazer visitas aos doentes, levando a Palavra, o conforto espiritual e a eucaristia àqueles mais necessitados. Ao visitar e atender aos enfermos, elas realizam o projeto de Jesus, que disse ter sido visitado quando "estava doente" (cf. Mt 25,36-43; Ap 21,4).

Enfim, todos os casos ilustrados acima servem apenas como informação sobre o caminhar das mulheres em sua descoberta de ação no Brasil. No Brasil, a partir dos anos 1980 começa-se a se observar a criação de Conselhos de Direitos da Mulher, de delegacias de política de Atendimento à Mulher. É também nos anos 1980 que a militância feminista começa a ter uma atuação expressiva em projetos com mulheres de camadas populares, como o *SOS Mulher*: um grupo criado inicialmente em São Paulo para defender as mulheres contra a violência. A partir dos anos 1990 os centros católicos ligados à teologia assumem outra postura de atuação e de engajamento nas várias frentes de luta pelos direitos da mulher.

Por outro lado, no trato com as comunidades, as mulheres sempre estiveram presentes em muitos movimentos eclesiais, mas quase nunca fizeram um alarido a respeito do seu engajamento na Igreja. O seu trabalho silencioso se parece com uma mística de grandeza e de alma disponível ao serviço do reino.

3.1 A mulher nas pequenas comunidades eclesiais

As pequenas comunidades sempre sentiram a presença da mulher na sua organização. As mulheres, normalmente, quase sempre são as encarregadas da preparação dos círculos bíblicos, da coordenação dos setores, dos retiros, dos encontros.

Os trabalhos vão desde aqueles menores, como o cuidado da cozinha, das compras, às coordenações de maior porte para dar guarida e sustento aos trabalhos das pastorais.

Muitas vezes são elas que preparam os textos das novenas, e igualmente outros textos, para aqueles que participarão dos dias de formação e espiritualidade dos grupos. Na grande maioria, são as mulheres que se reúnem para preparar os conteúdos. Em geral tratam da vida comunitária. Parece que nada se perde, e se perpetua a sua história de luta, engajamento e espiritualidade.

Nas pequenas comunidades são as mulheres, em geral, a desenvolverem um trabalho social junto à pastoral da criança. As líderes levam adiante não somente o cuidado com a saúde, mas o cuidado com a terra, com a horta, a agricultura familiar, o fabrico de remédios caseiros etc. Apesar da aparente "simplicidade", os cursos voltados para as mulheres sobre noções básicas de saúde, xaropes, pomadas, aleitamento materno, em um contexto social de falta de recursos mínimos em matéria de saúde, saneamento e de informação, revelam-se como fundamentais, fazendo a diferença entre a vida e a morte de muitas crianças e de famílias inteiras.

Podemos nos lembrar das inúmeras mães e líderes da zona rural que residem nos acampamentos dos sem-terra ou nos quilombos. Elas não somente cuidam da agricultura familiar, mas também, por vezes, são líderes da comunidade rural e são mulheres respeitadas por todos.

Em nossa diocese existem inúmeras capelas rurais nessas zonas de assentamentos dirigidas por senhoras da comunidade com uma respeitabilidade incomensurável; elas organizam a vida religiosa da comunidade. Nesse ambiente promovem cursos de alfabetização, cursos profissionalizantes e de outros tipos de interesse da comunidade rural.

Em geral gostam de ser chamadas de militantes. A militância é mais um veio de movimentos de libertação e que, em geral, não são bem-vindos entre os burgueses e os acomodados em seus "leitos de marfim", no dizer do profeta Amós 6,4: "Ai dos despreocupados de Sião [...]. Deitados em leitos de marfim, espreguiçando-se em divãs, eles comem os cordeiros do rebanho, e os bezerros tirados do estábulo".

Pois bem, essa militância feminina é uma parte das mulheres no altar e no exercício de vários outros ministérios na Igreja.

Pensando nessas várias realidades, às vezes tão diferentes, conforme os contextos, percebemos que a dinâmica da missão cristã é comparável a uma rede de perguntas constantes. Nesse sentido, o texto abaixo trata da militância de mulheres de classes populares em clubes de mães, Comunidades Eclesiais de Base e Pastorais da Igreja Católica, e faz a pergunta fundamental para toda cristã:

> O que é ser Maria hoje? Muitas mães pobres estão seguindo o exemplo de Nossa Senhora [na visita de sua prima Isabel: Lc 1,39-56]. Elas procuram ser como Maria quando se colocam disponíveis, saindo de casa para ajudar outras mães, trabalhando nos clubes e em todos os serviços da comunidade, lutando por moradia, educação, saúde, empregos e melhores salários[3].

---

3. *Mães Unidas – Voz da Libertação*, maio de 1987:1, apud ANJOS, GABRIELE, *Liderança de mulheres em pastorais e comunidades católicas e*

3.2 A mulher no espelho da Palavra

Na tradição judaica, o único ato litúrgico que é pedido à mulher é o de acender as lamparinas do *Shabbat* para a celebração da liturgia familiar. É ela quem traz a luz quando a escuridão da noite cai... E sempre esperamos que elas sejam aquelas lâmpadas que iluminam na noite do mundo e que nos fazem retomar a coragem[4].

"Como o sol que se levanta nas montanhas do Senhor, o encanto da mulher virtuosa ornamenta a casa" (Sr 26,16).

É uma grande tradição cristã o uso da Palavra de Deus em todas as atividades da Igreja. A Palavra ilumina a ação pastoral e abre as atividades nos vários setores pastorais. Os círculos bíblicos, as reflexões em grupo sempre partem da iluminação da Palavra de Deus. Ela é o espelho pelo qual se examinam as direções que Deus vai dando a toda a Igreja. A Palavra orienta e ilumina, e, nesse sentido, Tito indica alguns conselhos às mulheres da comunidade, para que não reproduzam os erros das mulheres pagãs.

Veja o texto:

> Que também as mulheres idosas tenham comportamento que convém a pessoas santas: não vivam falando mal, não abusem do vinho, mas ensinem o bem, para instruir as jovens a amarem seus maridos e filhos, e a serem prudentes, puras, boas donas de casa, amáveis,

---

suas contribuições, disponível em: https://www.scielo.br/j/cpa/a/ PttNHkywzfhwGjb7LNrx5Cb/?lang=pt, acesso em: 21 out. 2024.
4. CROISSANT, JO, *A mulher sacerdotal*, Aparecida, Santuário, 2003, 173.

obedientes ao marido, para que ninguém fale mal da Palavra de Deus[5].

A evangelização deve ser algo saudável, alegre e contagiante. Um dos propósitos dessa carta é providenciar a imagem de uma Igreja saudável: a sã doutrina deve andar de mãos dadas com um estilo de vida agradável a Deus (1,1). Ou seja, é preciso ter uma vida dedicada à oração, ao estudo da Palavra e ao cuidado com as coisas de Deus.

Embora isso diga respeito ao conjunto da comunidade cristã, há um foco particular sobre as mulheres, que são convidadas a rever o seu modo de se comportar, tanto no falar quanto no agir. Paulo ordena que as mulheres idosas sejam santas – isto é, separadas para Deus – e que seu estilo de vida mostre que elas são verdadeiras e próprias sacerdotisas de Jesus (cf. Ap 1,6)!

A mulher que exerce um ministério deve ter essa postura e dignidade diante da assembleia litúrgica. Nada é mais exigente do que a necessidade de adequar a própria vida à postura do serviço. No entanto, é muito comum que muitas mulheres ministras encontrem inúmeras dificuldades em sua casa com o esposo e os filhos. Nem sempre estão vivendo no mesmo caminho de santidade. O desafio é amplo e a exigência e a cobrança da comunidade são grandes. Todos querem da mulher que exerce um ministério uma lisura de comportamento que, na medida do possível, deve envolver até sua família. Contudo, nem sempre isso será possível de se adequar[6].

---

5. Tt 2,3-5.
6. Cf. a nota n. 2 em nosso livro: GASQUES, J., *A pessoa do ministro*, São Paulo, Loyola, 2024, 216 p.

3.3 O carisma da mulher católica

Carisma é a qualidade de quem possui a capacidade de atrair, inspirar e influenciar as pessoas ao seu redor. Pessoas carismáticas são veneradas por uma variedade de razões. Nem todas possuem os mesmos atributos, mas todas possuem os fatores-chave para conquistar os outros com seu jeito de ser.

Uma pesquisa da Universidade de Toronto chegou à conclusão, após estudar mil participantes por um determinado período, que o carisma é uma mistura de afabilidade e influência[7].

Talvez seja necessário mencionar que não estamos nos referindo ao movimento carismático com sua prática de instrução aos carismas. Os carismas não são propriedades de um movimento, mas são antes um modo de se descobrir dentro da vida cristã. A palavra vem da língua grega e tem em sua raiz um verbo que quer indicar o "mostrar-se generoso" ou o presentear com algo.

Tanto o apóstolo Paulo como Pedro exprimem uma íntima relação entre os carismas e a graça de Deus. Os carismas são considerados como uma manifestação da "multiforme graça de Deus". Os *chárismas* são de natureza divina, diferentes dos talentos humanos, pois são

---

7. Disponível em: https://www.psicologo.com.br/blog/10-caracteristicas-de-pessoas-carismaticas/#:~:text=Carisma%20%C3%A9%20a%20qualidade%20de,com%20seu%20jeito%20de%20ser, acesso em: 23 out. 2024.

manifestações do Espírito Santo: "Mas tudo isso é o único e mesmo Espírito que o realiza, concedendo a cada um diversos dons pessoais, segundo a sua vontade" (1Cor 12,11). Os textos paulinos mais importantes sobre este argumento são os capítulos 12 da Epístola aos Romanos e da primeira carta aos Coríntios [cap. 13][8].

Entretanto, no dizer do Apóstolo Paulo, sem a caridade os carismas, por mais impressionantes que sejam, não têm nenhuma utilidade (cf. 1Cor 13,1-3).

Afirma o Catecismo da Igreja:

> Os carismas devem ser acolhidos com reconhecimento por aquele que os recebe, mas também por todos os membros da Igreja, pois são uma maravilhosa riqueza de graça para a vitalidade apostólica e para a santidade de todo o Corpo de Cristo, contanto que se trate de dons que provenham verdadeiramente do Espírito Santo e que sejam exercidos de maneira plena, conforme os impulsos autênticos deste mesmo Espírito, isto é, segundo a caridade, verdadeira medida dos carismas[9].

A síntese dos carismas, na visão de Paulo, é a caridade. A caridade é a verdadeira medida dos *chárismas*, pois sem a caridade "nada vale", "não serve a nada" (cf. 1Cor 13,2-3).

---

8. Disponível em: https://rcccamocim.blogspot.com/2010/01/paulo-e-teologia-dos-carismas.html#:~:text=Os%20ch%C3%A1rismas%20s%C3%A3o%20de%20natureza,(1Cor%2012%2C11), acesso em: 23 out. 2024.
9. CIC, 800.

Uma vez tendo esclarecido alguns pontos sobre o carisma e a caridade, podemos indicar algumas qualidades que caracterizam uma mulher católica carismática. Elas são pessoas *alegres* e *divertidas*; são *confiantes* e *facilmente notadas e admiradas* pelas pessoas. Essas mulheres carismáticas *se sentem à vontade* quando conversam com alguém que merece confiança; *são acessíveis, boas ouvintes* e *dão atenção às pessoas*. De modo geral, poderíamos dizer que a alegria é uma característica marcante das pessoas carismáticas.

A mulher ministra deve ter sempre uma atitude assumida e conscientizada. Deve estar sempre de cabeça levantada olhando para a assembleia, em sinal de vigilância – não confundir com orgulho e sentimento de superioridade. Ela é uma "águia", pronta para o voo superando os penhascos.

O Papa Francisco indica, aos adolescentes e jovens, a mãe de Jesus como referência. No documento *Christus Vivit*[10], o Santo Padre ratifica que a determinação de Nossa Senhora na anunciação é motivo de inspiração para as juventudes. Além disso, o pontífice acrescenta outras características que são fundamentais quando se fala de empoderamento feminino: "Maria [...] não ficava quieta, punha-se continuamente a caminho: quando soube que sua prima precisava dela, não pensou nos próprios projetos, mas dirigiu-se às pressas para a montanha (cf. Lc 1,30)"[11].

Nossa Mãe Maria "vê esse povo peregrino, povo jovem amado por ela, que a procura fazendo silêncio no próprio coração, ainda que haja muito barulho, conversas e distrações

---

10. Cf. PAPA FRANCISCO, *Exortação Apostólica Pós-Sinodal Christus vivit*, 2019, 44.
11. Ibidem, 46.

ao longo do caminho. Mas, diante dos olhos da Mãe, só há lugar para o silêncio cheio de esperança", escreveu Francisco[12].

Em resumo, podemos observar que o estilo de vida proposto por Nossa Senhora, através das escolhas que ela fez durante sua vida na terra, está atraindo muitas moças jovens, bem como senhoras. Essas mulheres, após tomarem conhecimento dos exemplos de Maria – principalmente através do *Tratado de Nossa Senhora*, escrito por São Luis Grignion de Montfort –, iniciam um processo de um novo olhar, uma nova descoberta sobre si mesmas por meio da experiência com Maria: a mulher católica vai descobrindo em si a autêntica beleza feminina.

Dentre as tantas mulheres carismáticas que surgiram na Igreja e continuam servindo como inspiração às mulheres ministras, lembremo-nos de algumas: Madre Teresa de Calcutá, Santa Teresa de Ávila, Santa Luísa de Marillac, Santa Brígida, Santa Rita, Santa Dulce dos Pobres, Santa Clara, Santa Joana d'Arc, irmã Dorothy Stang, Zilda Arns e tantas outras.

Diante de tanta deturpação do feminino, a mulher católica deve assumir a sua posição de defensora da fé e da sua identidade. No atual contexto, Frida Espinosa, uma das fundadoras da associação mexicana *Juventud y Vida*, conclamou as mulheres a

> [...] abraçar e se deixar guiar ainda mais pela Igreja, porque as respostas para quem somos, de onde viemos e por que somos como somos já foram respondidas e, do lado de fora, há apenas meias verdades[13].

---

12. Ibidem, 48.
13. Apud: VILLAR, JULIETA, *Mulheres católicas contam o que é ser mulher hoje*, disponível em: https://www.acidigital.com/noticia/57550/mulheres-catolicas-contam-o-que-o-ser-mulher-hoje, acesso em: 23 out. 2024.

A sociedade acostumou-se a criar padrões para as mulheres. Como se comportar diante desse desafio? Como ser uma mulher católica?

3.4 Mulheres que oram pelos sacerdotes

É certo e tranquilo saber que todas as mulheres ministras rezam; que elas possuem alguma devoção particular e que têm uma vida disciplinada nas virtudes cristãs.

Considerando essa realidade, gostaria de propor um apostolado de oração em favor dos seminaristas, padres, religiosos e bispos: a figura das *mães espirituais*. No passado recente era comum ouvir dizer: "sou madrinha de oração do padre fulano". Parece que com o passar do tempo essa tendência ou costume está acabando.

No passado encontramos inúmeras mulheres que se dedicavam a esse serviço de oração: Santa Mônica, Santa Catarina de Sena, Bem-aventurada Conchita[14] etc.

Trata-se de um verdadeiro apostolado de ser mãe espiritual dos sacerdotes com a missão de orar, fazer adoração, sacrifícios, jejuns em favor dos pastores dedicados ao serviço do altar. Enquanto os ministros ordenados se dedicam ao seu pastoreio, existe um grupo de mulheres dedicadas a esse serviço; é um amparo espiritual para fortalecer o ministério pastoral.

Há até mesmo um site que congrega essa iniciativa e que apresenta a seguinte descrição:

---

14. Para a história de vida dessa bem-aventurada, ver https://noticias.cancaonova.com/igreja/conheca-a-beata-conchita-exemplo-de-santidade-na-vida-ordinaria/, acesso em: 23 out. 2024.

> Somos mulheres católicas de todas as idades e estados de vida, solteiras ou casadas, mães de família ou não, consagradas ou seculares, idosas e viúvas desejosas de imitar o amor do coração materno da Virgem Maria[15].

E prossegue:

> Assumimos o comprometimento de adotar espiritualmente sacerdotes para ajudá-los através de nossas orações e sacrifícios "em espírito de genuína e real reparação e purificação". A Maternidade Espiritual é uma forma sobrenatural de cuidar das almas, especialmente das almas dos sacerdotes[16].

Sendo Maria Santíssima o modelo supremo da Maternidade Espiritual, é salutar a leitura dos documentos da Igreja mais recentes que tratam de seu mistério e devoção, dos quais destacamos dois documentos do Magistério de São João Paulo II:

- A Carta Encíclica *Redemptoris Mater*, sobre a Bemaventurada Virgem Maria na vida da Igreja que está a caminho (25 de março de 1987)[17];
- Carta Apostólica *Mulieris Dignitatem*, sobre a dignidade e a vocação da mulher por ocasião do ano mariano (15 de agosto de 1988)[18].

---

15. Disponível em: https://maternidadeespiritual.com.br/tag/maria/, acesso em: 23 out. 2024.
16. Ibidem.
17. Disponível em: https://www.vatican.va/content/john-paul-ii/pt/encyclicals/documents/hf_jp-ii_enc_25031987_redemptoris-mater.html, acesso em: 23 out. 2024.
18. Disponível em: https://www.vatican.va/content/john-paul-ii/pt/apost_letters/1988/documents/hf_jp-ii_apl_19880815_mulieris-dignitatem.html, acesso em: 23 out. 2024.

A mulher e os ministérios

Dentre os vários ministérios exercidos pela mulher, há um em especial e sobre o qual queremos nos deter brevemente agora: o *serviço junto ao altar*. Efetivamente, são milhares de mulheres atualmente que estão a serviço no altar. Sua presença na Igreja é edificante, porém é preciso dizer que as mulheres exercem algumas funções de acordo com a liberdade e abertura dos párocos. Infelizmente, ainda existem muitos preconceitos e divisões nas comunidades.

Com este livro, gostaríamos de construir pontes de unidade, de orientação e de comunhão. Não podemos deixar este tempo em que o Papa Francisco colocou no centro das discussões eclesiais a questão sinodal; isso não pode passar despercebido. Há a necessidade de resgate das inúmeras vocações a serviço no altar. O nosso cuidado será em convocar, preparar e lançar a semente para a colheita, lembrando das sábias palavras de Jesus: "A colheita é grande, mas pequeno é o número dos trabalhadores" (Mt 9,37).

São Francisco de Sales (século XVII), em uma passagem no seu clássico livro *Filoteia – Introdução à Vida Devota*, apresenta o seguinte pensamento:

Na criação, Deus criador mandou às plantas que cada uma produzisse fruto conforme sua espécie. Do mesmo modo, ele ordenou aos cristãos, plantas vivas de sua Igreja, que produzissem frutos de devoção cada qual de acordo com sua categoria, estado e vocação[1].

Nesse sentido, a tarefa da mulher, na Igreja, poderá ter duas direções: uma voltada para dentro (*ad intra*) e, outra, voltada para a ação exterior (*ad extra*). No que se refere à Igreja, "ad intra" (para dentro), é um trabalho "fácil" de executar, pois fica nos limites das preocupações imediatas, ligadas ao âmbito da fé vivida dentro da Igreja.

A maioria dos nossos trabalhos pastorais está voltada para essa preocupação e, certamente, é uma dimensão que, sob determinados aspectos, "não incomoda ninguém".

A espiritualidade voltada para si não exige demasiada preocupação, apenas algumas iniciativas com pouco envolvimento. É comum encontrar gente rezando o terço, caminhando e falando ao celular enquanto está rezando. Somos instruídos mais para uma religião "fácil", com poucos incômodos e exigências, do que para os desafios que uma fé adulta coloca.

Nesse contexto, é preciso reconhecer que, em geral, nos faltou uma catequese bíblica. Nos momentos difíceis os católicos se apegam mais aos devocionais, chegando a deixar de lado aquilo que de fato é o essencial, pois é Deus o fundamento da nossa esperança (vv. 12.20-21.26.31). Deus é nosso combustível para que possamos acordar todos os dias e enfrentar os problemas que aparecem em nossas rotinas. Ele é uma fonte

---

1. São Francisco de Sales, *Introdução à vida devota*, pars. 1, cap. 3.

de energia inesgotável que nos impulsiona a viver todos os dias trilhando nossos caminhos[2].

Todavia, o desafio será o trabalho pastoral ligado à Igreja "ad extra", voltada para fora. Nesse caminho, a oração se torna "ação" e tudo fica mais restrito, evangélico e desafiador. "O grande desafio das paróquias é sair em missão, deixar de ocupar-se apenas com a rotina e com as mesmas pessoas que já estão na comunidade e sair ao encontro das pessoas."[3]

Às vezes não percebemos, mas Jesus indica aos discípulos essa tarefa: missão e consequência missionária. "E disse: 'Ide ao mundo inteiro, proclamai o evangelho a todas as criaturas. Quem crer e for batizado será salvo. Quem não crer será condenado'" (Mc 16,15-16).

Diante dessas palavras de Jesus, cabe-nos a pergunta: "será que estamos desejando mais os milagres do que evangelizar pelo mundo afora?". Na maioria das vezes ficamos presos em nossos salões para exaltar e glorificar a Deus, enquanto o mundo carece de evangelizadores; ficamos orando no salão e as igrejas protestantes saem em missão para angariar mais adeptos!

No que se refere à missão e à tarefa "ad extra" da Igreja, o Papa Francisco fez um agudo apelo nesse sentido:

> A pastoral em chave missionária exige o abandono deste cômodo critério pastoral: "fez-se sempre assim". Convido todos a serem ousados e criativos nesta tarefa de

---

2. Disponível em: https://www.a12.com/redacaoa12/espiritualidade/por-que-esperar-em-deus-reflita-com-estes-5-versiculos, acesso em: 24 out. 2024.
3. CNBB, *Comunidade de comunidades. Uma nova paróquia*, doc. 100, Brasília, CNBB, 2014, 31.

repensar os objetivos, as estruturas, o estilo e os métodos evangelizadores das respectivas comunidades[4].

O já citado documento da CNBB (n. 100) faz um forte convite a essa mudança de direção no leme do barco de Jesus: "... o laicato precisa assumir maior espaço de decisão na construção da comunidade" (cf. n. 210-212). Além disso, o próprio *Código de Direito Canônico* (CDC) nos lembra que: "Todos os fiéis têm o direito e o dever de trabalhar, a fim de que o anúncio divino da salvação chegue sempre vez mais a todos os homens de todos os tempos e de todo o mundo" (CDC, cân. 211).

Sem delongas, vivemos o tempo da última colheita. É tempo de salvação e de renovação para aqueles que creem. O Espírito Santo está sobre nós para levar salvação ao cativo, consolar os que choram e pregar um ano aceitável do Senhor (cf. Is 61). E, para que isso se cumpra em nossas vidas, os sinais deverão nos acompanhar[5].

---

4. Papa Francisco, *Exortação Apostólica Evangelii Gaudium*, 2013, 33.
5. Enquanto eu escrevia este texto, acontecia no Rio Grande do Sul – maio de 2024 – uma das maiores tragédias climáticas e humanitárias da região. Alguns imploravam a Deus a misericórdia, outros afirmavam ser uma espécie de vingança divina e, outros, atribuíam a situação à falta de fé do povo gaúcho. A real causa estava na falta de zelo pela natureza e de cuidado com a ecologia integral, como nos adverte o Papa Francisco na Encíclica "Laudato Sí": "Esta irmã [a mãe terra] clama contra o mal que lhe provocamos por causa do uso irresponsável e do abuso dos bens que Deus nela colocou. Crescemos pensando que éramos seus proprietários e dominadores, autorizados a saqueá-la" (LS, 2).

4.1 Leitoras, ministras da Sagrada Comunhão, da saúde, catequistas e acólitas

Embora hoje a dimensão missionária, no sentido de ser testemunha no mundo, é mais urgente, desafiante, carente e necessária, nem por isso devemos deixar de lado outras dimensões. É verdade que precisamos "balançar" o mundo com o evangelho, mas como será possível fazer isso se não tivermos antes nos alimentado com a Palavra e os sacramentos? É preciso "carregar as baterias". Claro que essa percepção pode dar margem a uma tentação: a de ficarmos presos dentro de quatro paredes, achando que somente a nossa oração ou nossa participação na liturgia seja suficiente para dar testemunho. Às vezes, o rezar ou mesmo o celebrar podem não ser o melhor caminho para o testemunho: sob certas condições podem mesmo ser um fator de alienação. Uma verdadeira oração e um verdadeiro celebrar a liturgia nos levam a ter um olhar para o mundo que espera pela manifestação concreta de sinais cristãos.

Os santos e as santas tiveram essa função: acolher o mundo e a sua realidade como normativa e prática de vida. Cada santa, ao seu modo, agiu na mais estrita observância do evangelho, mas sem se isolar do mundo que, afinal, foi tanto amado por Deus que ele enviou seu Filho unigênito (cf. Jo 3,16).

Desse modo, há um cenário desafiador em que a pastoral não pode ser mais concebida como algo voltado apenas para um "consumo interno", mediante a escusa de que a pastoral "foi feita sempre desse jeito" e que "em time que está ganhando não se mexe"; mas estamos certos de estarmos realmente "ganhando"? A esse propósito, o Papa Francisco faz um convite para repensarmos a pastoral "em chave missionária", a revermos os fins de toda a nossa ação:

Convido todos a serem ousados e criativos nesta tarefa de repensar os objetivos, as estruturas, o estilo e os métodos evangelizadores das respectivas comunidades. Uma identificação dos fins, sem uma condigna busca comunitária dos meios para alcançá-los, está condenada a traduzir-se em mera fantasia[6].

Nessa perspectiva de "repensamento", observemos agora algumas funções das mulheres que exercem algum ministério, especialmente no âmbito da liturgia. Veremos que, sem esquecer o que mencionamos sobre a tentação de ficarmos voltados para nosso próprio "umbigo", isto é, para nosso mundinho religioso, é possível, também no exercício de cada forma específica de ministério, dar um testemunho de fé cristã.

As mulheres leitoras

A Palavra de Deus deve ser bem proclamada. A preparação de leitores para que façam ressoar a Palavra na assembleia celebrante é fundamental. Essa preparação deverá ser espiritual (lendo antes as passagens bíblicas e meditando sobre o sentido dessa Palavra para a própria vida), mas também técnica (mais abaixo daremos algumas pistas). Nunca se deve esquecer que, quando a leitura é proclamada na celebração, mesmo por uma ministra, "é Cristo mesmo quem fala a seu Povo"![7]

Por esse motivo, a leitura dos textos bíblicos é muito diferente da leitura pública corrente. É que o leitor ou a leitora não dizem "a sua palavra", mas a *Palavra de Deus*.

---

6. PAPA FRANCISCO, *Exortação Apostólica Evangelii Gaudium*, 2013, 33.
7. Cf. *Instrução geral do Missal Romano*, n. 29.

A Liturgia da Palavra é uma celebração. É necessário, pois, que se note que celebramos a Liturgia da Palavra, como depois celebramos a Liturgia da Eucaristia. De fato, elas são duas partes da celebração da missa que estão tão unidas a ponto de constituírem um único ato de culto[8].

Para esse serviço de leitura na celebração, algumas indicações práticas:

– Preparar a leitura. Fazer um ensaio da leitura em casa. Pode ser diante do espelho para se auto-observar. Procurar em um dicionário o sentido de alguma palavra que seja de difícil compreensão, ou perguntar para alguém que conheça mais: proclamar a Palavra é um ato de humildade.

– Compreender o sentido do texto, captar a sua estrutura, as suas articulações, os seus pontos mais altos, a sua vivacidade, ou seja, não ler por ler sem estar atento ao texto bíblico.

– Exprimir os sentimentos do autor e das personagens que aparecem no texto que se está lendo.

– A celebração litúrgica atualiza a Palavra. O texto escrito torna-se Palavra viva hoje, naquele lugar e para aquela assembleia. "Deus fala hoje ao seu povo." É importante conhecer o texto e o contexto da celebração.

– Examinar alguns pormenores antes da celebração da missa. Chegar mais cedo para conferir como está o Lecionário (livro onde se leem as leituras).

– O Leccionário está no ambão? Está aberto na página própria? O microfone está ligado? O volume, o tom e a

---

8. Cf. *Instrução geral do Missal Romano*, n. 28.

altura estão corretos? Evite-se o seu ajuste durante a celebração, mediante o sopro ou os toques de dedos ou dos famosos: "Jesus".
- Saber deslocar-se para o ambão. O seu modo de se aproximar com determinação e simplicidade. O caminhar é lento, firme e confiante.
- Situar-se, desde o começo da celebração, num lugar não muito afastado do ambão. Evitar ficar de cabeça baixa, olhando para o piso da igreja. Os olhos devem estar projetados para a assembleia.
- Postura. Saber se colocar diante da assembleia. Uma timidez educada poderá ser uma opção.
- Quando estiver diante do ambão, deve-se ter em conta a posição do corpo. Não se trata de adotar uma postura rígida nem demasiadamente descontraída.
- Apresentação. Não trajar algo que distraia a assembleia (roupa e acessórios). O interessante, nesse momento, é a proclamação da Palavra de Deus. Um cuidado: deve-se ter o cuidado de observar se a altura do leitor seja conveniente para a altura do ambão. Caso a pessoa seja de baixa estatura, é importante que a equipe de liturgia tenha a preocupação de preparar previamente uma pequena plataforma para que a pessoa possa proclamar com dignidade a Palavra de Deus e não provocar risos na assembleia!
- Cuidado para não ler coisas desnecessárias, como por exemplo: "Primeira Leitura", "Salmo Responsorial", "estamos na 2ª semana comum", "cor verde" e assim por diante...

- O olhar deve estar sempre voltado para a assembleia. Nunca ler de cabeça baixa dando a impressão de medo, recato ou vergonha. Os cabelos, se possível, devem estar bem arrumados e não podem atrapalhar o leitor no momento da proclamação, distraindo até mesmo a assembleia.

As mulheres que se dedicam a esse ministério devem ter presente três necessidades:

1. A formação bíblico-litúrgica;
2. A preparação técnica; e
3. Formação espiritual.

Em todos esses pontos, sempre prevalece a necessidade de formação das candidatas.

Uma leitura malfeita é um desastre. A assembleia precisa ouvir e entender o que a leitora diz. Há inúmeras situações em que leitores ou leitoras cometem algum deslize e acabam virando "meme" na internet... É preciso sempre muito cuidado e atenção para não virar o centro da atenção, quando este deve ser a Palavra de Deus.

Além desse cuidado, há uma motivação ainda mais importante: a boa proclamação ajuda no entendimento mais aprofundado da Palavra. Basta pensarmos no famoso episódio da história de Filipe e o eunuco etíope (cf. At 8,26-39): o entendimento do sentido da Palavra levou à conversão do eunuco, que se fez batizar pelo Apóstolo Filipe...

As mulheres ministras extraordinárias da Sagrada Comunhão

Diz o site do Vaticano:

> O Ministro Extraordinário da Sagrada Comunhão é um leigo ou uma leiga a quem é dada a permissão, temporária ou permanente, de distribuir a comunhão aos fiéis na missa e em outras circunstâncias, tendo também outras funções[9].

No nosso livro sobre *A pessoa do ministro*[10], trabalhamos oito características que são insubstituíveis e inegociáveis em um candidato ao ministério. O candidato ao ministério, antes de ser escolhido, deve observar, nele, a existência de oito características.

> Essas características devem ser vistas como qualidades inerentes a qualquer pessoa que deseje fazer parte de um trabalho de pastoral; enfim, são exigências comuns aos agentes de pastoral[11].

---

9. Schmidt, G. *Ministros extraordinários da Sagrada Comunhão*, disponível em: https://www.vaticannews.va/pt/vaticano/news/2020-10/ministros-extraordinarios-da-sagrada-comunhao-pe-gerson-schmidt.html, acesso em: 25 out. 2024.
10. Ver acima, nota 6 do capítulo anterior.
11. Gasoues, J., op. cit., 95. Nosso livro registra aspectos que envolvem a vida do sujeito-pessoa do ministro/a. Não trato das questões que envolvem o seu comportamento no altar, as suas atividades como serviço, mas aquelas questões que dizem respeito à sua pessoa, à sua vida. A pessoa do ministro deve ser revista dentro do ministério pastoral. As exigências para o candidato e o cuidado

E essas características da pessoa que exerce um ministério são: gratuidade, paciência, solidariedade, generosidade, humildade, perseverança, coerência e autoestima. Na questão relativa à solidariedade é preciso logo esclarecer que

> não estamos buscando homens e mulheres "bons"; estamos procurando pessoas solidárias para assumirem a pastoral de Eucaristia. Os solidários têm condições de amar, enquanto os "bons" se contentam com a sua bondade e a restringem a questões pessoais[12].

No que diz respeito às funções desses ministros e que foram determinadas pela Igreja, os leigos podem fazer a Exposição do Santíssimo Sacramento e presidir a celebração da Palavra. Portanto, são estas também as funções das ministras extraordinárias da comunhão:
- auxiliar na distribuição da comunhão na missa.
- distribuição da comunhão fora da missa, aos doentes, asilos, casas de repouso, hospital ou a outras pessoas que mediante uma razão apropriada o solicitem.
- administração do viático; assistência aos enfermos.
- exposição do Santíssimo Sacramento sobre o altar para adoração dos fiéis (mas não a bênção com o mesmo).
- presidir a celebração da Palavra – onde não houver sacerdote ou diácono.

---

com o seu ministério, especialmente naquilo que diz respeito à sua formação humana e à sua escolha, são elementos a serem considerados para evitar futuros arrependimentos.
12. GASQUES, J., op. cit., 100.

Apesar dessas funções já estarem consolidadas, vemos com certa apreensão a substituição, especialmente das mulheres ministras, por outros tipos de grupos com certos exageros.

É com alguma dor que constato que a cada dia as mulheres ministras extraordinárias vão ficando mais distantes do altar e, sentadas nos bancos, só se levantam apenas para distribuir a comunhão aos fiéis e, depois, voltam ao seu posto na assembleia. Eu acho isso uma deselegância sem tamanho.

Percebo que muitas vezes há medo, que não há questionamentos: muitas ministras simplesmente "se rebaixam". Embora a humildade seja meritória, é bom lembrar que não é bem isso que a Igreja pede. Pede-se para subir... Bem antigamente se cantava, na entrada: "subiremos montanhas sagradas, colinas suaves do amor cristão. Lá do alto Jesus nos acena mostrando o caminho da salvação..."[13].

Subir pelas escadas, pelos degraus do altar conquistados com o esforço de tantas mulheres que, nos idos anos do passado, reivindicaram seu lugar no altar. Apesar dessas dificuldades, faço votos que a força do batismo as possa motivar sempre para essa ação!

As mulheres catequistas

É uma multidão de mulheres catequistas que se colocam na fronteira das comunidades para o ensino da catequese. As mulheres podem "revolucionar" esse ensino, mas sua formação enquanto catequista se faz urgente na comunidade paroquial. O trabalho poderá ser devagarinho, mas deve ser continuado.

---

13. Texto completo da música no site https://www.letras.mus.br/catolicas/subiremos-montanhas-sagradas/, acesso em: 25 out. 2024.

D. Juarez Sousa da Silva, bispo de Teresina, no Piauí, disse:

> Por isso, o catequista é uma pessoa muito sintonizada com Cristo, com a Igreja e com a realidade. E a catequese assim ela tem um pé na fé e um pé na vida, um pé na oração e um pé na ação. Ela une, faz com que sejam integradas fé e vida. Parabéns, catequese renovada, pela sua atualização e eficácia na evangelização, na vida da Igreja[14].

Considerando que a maior parte dos catequistas é do sexo feminino, a consequência lógica é constatar que a mulher tem um papel muito particular na história da missão da Igreja; antes, elas têm um papel fundamental na construção da Casa de Deus.

Em meados de maio de 2024, em nossa diocese, faleceu a irmã Amália. Tinha 90 anos e, ainda, cuidava dos velhinhos em uma casa de idosos da sua Congregação. Podemos apenas imaginar a vida dessa religiosa que deixou sua pátria e veio trabalhar no Brasil: uma vida toda dedicada aos idosos. É verdade que ela não transformou o mundo, mas deu o alento, o afeto e o carinho a tantos homens e mulheres dessas casas de acolhimento. Decerto, não imaginava que estava construindo pontes de amor e de ternura para aqueles que não tinham um lar, a fim de viverem seus últimos anos de vida.

O que se quer dizer, a partir do exemplo singelo de irmã Amália, é que a mulher catequista não somente ensina a doutrina,

---

14. Disponível em: https://www.cnbb.org.br/os-catequistas-da-catequese-renovada-sao-homens-e-mulheres-que-estao-em-profunda-sintonia-com-a-igreja-diz-dom-juarez/, acesso em: 25 out. 2024.

mas também instrui com a sua vida, com suas experiências diárias. Nesse âmbito encontramos verdadeiras e próprias "teólogas" nas "academias" da vida cotidiana, que dão sua contribuição de forma disciplinada e eficiente.

Uma notável ajuda para o papel desempenhado pelas catequistas veio da ação do Papa Francisco. Em 2021, o Sumo Pontífice instituiu o ministério de catequista por meio do documento *Antiquum Ministerium*, e vale a pena reproduzir uma parte desse texto:

> Este ministério possui uma forte valência vocacional, que requer o devido discernimento por parte do Bispo e se evidencia com o Rito de instituição. De fato, é um serviço estável prestado à Igreja local de acordo com as exigências pastorais identificadas pelo Ordinário do lugar, mas desempenhado de maneira laical como exige a própria natureza do ministério. Convém que, ao ministério instituído de Catequista, sejam chamados homens e mulheres de fé profunda e maturidade humana, que tenham uma participação ativa na vida da comunidade cristã, sejam capazes de acolhimento, generosidade e vida de comunhão fraterna, recebam a devida formação bíblica, teológica, pastoral e pedagógica, para ser solícitos comunicadores da verdade da fé, e tenham já maturado uma prévia experiência de catequese. Requer-se que sejam colaboradores fiéis dos presbíteros e diáconos, disponíveis para exercer o ministério onde for necessário e animados por verdadeiro entusiasmo apostólico[15].

---

15. PAPA FRANCISCO, *Carta Apostólica Antiquum ministerium pela qual se institui o ministério de catequista*, 10 maio 2021, 8.

O direito eclesiástico exige dos responsáveis a necessidade da formação de suas lideranças leigas. Assim instrui: "Os leigos que são dedicados permanente ou temporariamente a um serviço especial na Igreja têm a obrigação de adquirir a formação adequada para o cumprimento do próprio encargo e para exercê-lo consciente, dedicada e diligentemente" (Cân. 231 §1).

O *Catecismo da Igreja Católica* diz que a catequista é mestre de oração:

> E compete aos pastores e aos catequistas explicar seu sentido, sempre relacionado com Jesus Cristo. [...] Aquele que é chamado a "ensinar o Cristo" deve, portanto, procurar primeiro o "bem supremo que é o conhecimento do Cristo Jesus". É preciso aceitar perder tudo [...] "a fim de ganhar a Cristo e ser encontrado unido a ele"... é assim que eu "conheço, a força da sua ressurreição e na comunhão com os seus sofrimentos, tornando-me semelhante a ele na morte, para ver se chego até a ressurreição dentre os mortos" (Fl 3,8-11)[16].

As mulheres acólitas

O ministério de acólito – palavra grega que significa "aquele que acompanha" – é muito antigo. Por muito tempo foi chamado de "ordem menor" e estava como que vinculado ao sacramento da ordem. Com o passar do tempo, esclareceu-se

---

16. CIC, nn. 2663 e 428. Outro documento útil é o Diretório da CNBB sobre a Catequese e para a formação dos catequistas (cf. *Diretório para a Catequese*, CNBB, Doc. 61, 2020).

que era um ministério laical, mas, por causa da longa história ligada ao ministério ordenado, era reservado apenas para os homens. Grande novidade foi o Papa Francisco ter regulamentado[17] algo que na prática já existia há muito tempo: sendo um verdadeiro ministério laical, agora também as mulheres podem ser chamadas e receber, oficialmente, por meio de um rito litúrgico próprio chamado "instituição", presidido pelo bispo local, o ministério de leitor(a) – relacionado com a Palavra – e o ministério de acólito(a) – relacionado com a Eucaristia.

Quando o Papa Francisco abriu essa possibilidade para as mulheres, apareceram inúmeras críticas que diziam que o Papa estava dando uma brecha para o sacerdócio feminino. Mas, na verdade, o Papa regulamentou algo que fora constatado muito antes dele: são, na verdade, ministérios laicais! Além disso, o Papa apenas legitimou uma prática comum na Igreja Católica, uma vez que já há muito tempo são as mulheres a proclamarem as leituras nas missas e a servirem como acólitas.

---

17. Carta Apostólica sob forma de "motu proprio" *Spiritus Domini*, do sumo pontífice Francisco, Sobre a modificação do Cân. 230 § 1 do código de direito canônico acerca do acesso das pessoas do sexo feminino ao ministério instituído do leitorado e do acolitado. "Por conseguinte, depois de ter ouvido o parecer dos Dicastérios competentes, decidi prover à modificação do cânone 230 § 1 do Código de Direito Canônico. Portanto, disponho que no futuro o cânone 230 § 1 do Código de Direito Canônico seja assim redigido: 'Os leigos que tiverem a idade e as aptidões determinadas com decreto pela Conferência Episcopal, podem ser assumidos estavelmente, mediante o rito litúrgico estabelecido, nos ministérios de leitores e de acólitos; no entanto, tal concessão não lhes atribui o direito ao sustento ou à remuneração por parte da Igreja'".

> Os que militam por uma maior participação dos leigos e leigas na vida e missão da Igreja ressaltam que homens e mulheres cristãos são, pelo batismo, iguais em dignidade e, portanto, não se justifica que as mulheres não possam assumir todos os ministérios não ordenados que os homens assumem[18].

Apesar dessa abertura, ainda não vemos como prática comum essas celebrações de instituição voltadas para os leigos, especialmente para as mulheres. É uma pena, pois poderia enriquecer em muito uma prática tão comum nas nossas paróquias; aliás, poderia legitimar ainda mais um serviço que aqui e ali é deixado de lado, como já acenamos aqui. É preciso que a afirmação conciliar sobre esse ponto específico, ou seja, da maior participação das mulheres, seja mais bem compreendido e colocado em prática:

> As mulheres trabalham já em quase todos os setores de atividade, mas convém que possam exercer plenamente a sua participação, segundo a própria índole. Será um dever para todos reconhecer e fomentar a necessária e específica participação das mulheres...[19]

E, sobretudo, também a constatação:

---

18. ALMEIDA, ANTONIO JOSÉ DE, *Mulheres leitoras e acólitas. Significado da mudança*, disponível em: https://www.ihu.unisinos.br/categorias/606927-mulheres-leitoras-e-acolitas-significado-da-mudanca, acesso em: 25 out. 2024.
19. CONCÍLIO VATICANO II, *Constituição Pastoral sobre a Igreja no mundo atual Gaudium et Spes*, 60.

Os leigos exercem o seu apostolado multiforme tanto na Igreja como no mundo... E como hoje a mulher tem cada vez mais parte ativa em toda a vida social, é da maior importância que ela tome uma participação mais ampla também nos vários campos do apostolado da Igreja[20].

Vale, enfim, a advertência do apóstolo Paulo: "Não há mais nem judeu, nem grego; não há mais nem escravo, nem livre; não há mais nem homem, nem mulher: todos vós sois um só, em Cristo Jesus" (Gl 3,28)!

As mulheres na pastoral da saúde

Esse é um belo trabalho no qual a mulher tem mais presença que o homem. O cuidado dos doentes foi sempre uma das principais ações pastorais da Igreja ao longo dos séculos. Chamamos esse serviço ministerial de pastoral da saúde (PS).

A fundamentação desse serviço pastoral se encontra na própria ação de Jesus, que recomendou aos discípulos curarem os doentes (cf. Mt 10,8-10; Mc 3,15; Lc 9,1-2). O próprio Jesus, em sua missão de salvar a humanidade, curou muitas pessoas que estavam enfermas (Mt 8,14-15; Lc 14,1-6; Jo 9,1ss; Lc 5,17-26; Mt 8,2s; Mc 5,25-29). Nos Atos dos Apóstolos e nas Cartas Apostólicas, constatamos que os apóstolos e a comunidade cristã primitiva levaram isso bem a sério e se dedicaram ao ministério voltado ao cuidado dos doentes (cf., por exemplo, Tg 5,14-15).

---

20. Concílio Vaticano II, *Decreto Apostolicam Actuositatem sobre o apostolado dos leigos*, 9.

Não cabe aqui fazer um aprofundamento da questão do cuidado, da cura dos doentes, mas se pode dizer que esse ministério de cura é um serviço que também os leigos, em virtude de seu batismo, prestam à comunidade eclesial. É, de certo modo, a continuação do ministério de Jesus. Quando um ministro "de cura", isto é, de cuidado para com os doentes, implora por uma pessoa, este deve ter a convicção clara de que ele é um mero instrumento que Jesus utiliza para curar (cf. At 3,1-8). Ele, Jesus, emprega nossos lábios, nossas mãos, nosso testemunho de fé. Ele utiliza-se de compaixão, olhando para a dor e para o sofrimento (físico, psicológico e espiritual) do ser humano.

O ministério de cura é o ministério do poder de Deus que se manifesta no amor. É fundamental que deixemos Deus colocar em nós o seu amor, para sermos canais de sua graça para os irmãos (cf. 1Cor 12 e 13).

O evangelista Marcos narra a ação de Jesus:

> Em toda parte aonde chegava, povoados, cidades ou sítios, traziam os enfermos às praças e estes suplicavam que lhes deixasse tocar pelo menos na franja do seu manto. E todos os que a tocavam ficavam curados (Mc 6,56).

Jesus tinha sempre uma atenção especial para com os doentes e não deixava ninguém sem ser atendido, mesmo quando eram os pagãos que pediam a cura. O próprio nome Jesus significa "Deus salva", ou "Deus cura"; curar e salvar faz parte da mesma ação salvadora de Deus em favor da humanidade por meio de Jesus.

Normalmente, a grande maioria das paróquias tem aquele grupo de senhoras que exercem esse trabalho em função do atendimento aos doentes. A presença desses grupos nas paróquias espelha uma das últimas falas de Jesus antes de sua Paixão, e na qual ele mesmo se identifica com a fragilidade humana: "Estive doente e vieste visitar-me" (cf. Mt 25,34-36). Em um certo sentido, Jesus está nos mostrando que o seu reinado começa com os pobres, com os famintos e com os necessitados.

Esse reinado de Jesus acontece no meio dos pobres, em meio aos doentes, sofredores e necessitados: estes são para nós a imagem de Jesus Senhor.

> Portanto, a pastoral da saúde e dos enfermos não deverá ser deixada em segundo plano na Igreja. As estruturas de saúde são espaços importantes para a missão evangelizadora, que precisam ser valorizados (cf. CNBB, Documento 109, n. 196). Se a pastoral da saúde e dos enfermos estiver ausente das paróquias e comunidades, falta algo importante da missão que Jesus confiou à Igreja. E não se pode esquecer que ele próprio também se identifica com os enfermos: "Estive doente e cuidastes de mim"[21].

Para aquele que se encontra impossibilitado de ir à igreja, a presença da mulher na pastoral da saúde é um bálsamo na vida: quantas vezes se faz presente a ministra com seu jaleco

---

21. SCHERER, DOM ODILO PEDRO, *Vicariato Episcopal para a Pastoral da Saúde e dos Enfermos*, disponível em: https://osaopaulo.org.br/colunas/vicariato-episcopal-para-a-pastoral-da-saude-e-dos-enfermos/, acesso em: 28 out. 2024.

branco levando a Palavra de Deus, o conforto pessoal e a Eucaristia. Essa ação – que normalmente se faz no domicílio e no hospital – é feita na maior parte das vezes pelas nossas mulheres ministras, que a fazem com bastante cuidado e amor.

Quanto zelo para esse momento de intimidade com o Senhor! Muitas vezes conseguem preparar um pequeno oratório com uma vela acesa e uma bíblia. Começam a celebração com uma oração para que as pessoas possam acolher a presença de Jesus naquela casa ou naquele quarto do hospital – normalmente um ambiente mais desafiador, mas onde é possível, pela presença e pelo testemunho, fazer a evangelização até daqueles que não são cristãos. Aos poucos, as dores vão se amolecendo com o carinho e a ternura do acolhimento.

Quando o amor chega, o sentimento de ausência e abandono deixa de existir para dar lugar ao acolhimento de Jesus presente. A Ministra é como um poema a ser declamado no silêncio:

> O amor vai chegar / e quando o amor chegar / o amor vai te abraçar / o amor vai dizer o seu nome / e você vai derreter / só que às vezes / o amor vai te machucar, mas / o amor nunca faz por mal / o amor não faz jogo / porque o amor sabe que a vida / já é difícil o bastante[22].

A ministra nem faz ideia da quantidade de amor e de luz que carrega naquela visita. Todos se sentem iluminados:

---

22. Poema de autoria da poetisa indiana Rupi Kaur, disponível em: https://www.pensador.com/frase/MjEyOTQ5Ng/, acesso em: 28 out. 2024.

doentes, parentes e vizinhos, pois, de fato, a Eucaristia é mistério de luz que se propaga.

> Senhor, creio em ti, nessa maravilha de amor que é a tua presença real sob as espécies eucarísticas, depois da consagração, no altar e nos sacrários onde estás reservado. Creio mais do que se te escutasse com os meus ouvidos, mais do que se te visse com os meus olhos, mais do que se te tocasse com as minhas mãos[23].

Essa expressão de adoração de São Josemaría Escrivá completa-se com a oração de reconhecimento agradecido de Michel Quoist.

> É maravilhoso, Senhor, ter braços perfeitos, quando há tantos mutilados! / Meus olhos perfeitos, quando há tantos sem luz! / Minha voz que fala, quando tantos emudeceram! / Minhas mãos que trabalham, quando tantas mendigam! / É maravilhoso voltar para casa, quando tantos não têm para onde ir! / Amar, viver, sorrir, sonhar, quando há tantos que choram, odeiam, revolvem-se em pesadelos, morrem antes de nascer! / É maravilhoso ter um Deus para crer, quando há tantos que não têm o consolo de uma crença! / É maravilhoso, Senhor, sobretudo, ter tão pouco a pedir, tanto a agradecer[24].

---

23. São Josemaría Escrivá, *Carta*, 28-III-1973, n. 7, disponível em: site https://opusdei.org/pt-br/article/a-eucaristia-misterio-de-luz/, acesso em: 28 out. 2024.

24. Disponível em: https://encontrocomcristo.com.br/oracao-do-reconhecimento/, acesso em: 28 out. 2024.

Por certo, essa mulher que exerce seu ministério junto aos doentes se sente completa, feliz e realizada; tem a sensação de realização da sua missão. Volta para casa com a percepção de dever cumprido. Fez a sua parte junto com outras companheiras de missão.

4.2 A mulher piedosa

Cultivando uma vida de oração eficaz. O que significa ser uma mulher piedosa! Seria aquela que reza mais, que vive de cabeça baixa diante das situações? Seria aquela que cumpre com todos os deveres de cristã? Não. É aquela que aprendeu a se colocar diante de Deus e serve ao próximo.

Atualmente, vemos que há devoções sendo motivadas e inspiradas pelas redes sociais. Algumas são boas, mas há outras que beiram à alienação. Vemos muitas mulheres se "consagrando" a Nossa Senhora. Não que isso seja algo negativo, mas há certos ambientes que trabalham esse tipo de consagração como algo separado da vida concreta. Uma verdadeira consagração à Nossa Senhora exige compromisso na defesa da ética, do direito, do trabalho etc. Esse caminho é mais íngreme e de difícil escalada, mas é o caminho esboçado pela própria Nossa Senhora que, ao achar-se grávida, não poupou esforços em subir os caminhos íngremes da Judeia para visitar sua prima Isabel, ficando junto com ela para a ajudar (cf. Lc 1,39.56).

O caminho do engajamento, como missão principal da vida cristã, por vezes encontra mais obstáculo e resistência. É natural, visto que é um caminho difícil e com poucos atrativos e elogios. Mesmo entre as mulheres, há aquelas que têm maior dificuldade em abraçar esse caminho. Mas é preciso ter clareza que somos apenas motivados pelo evangelho que nos leva a abraçar a vida. Devemos ter cuidado com aquelas "devoções" atuais que trabalham mais com uma espiritualidade desencarnada que com a verdadeira fé que leva a amarmos a Deus e ao próximo.

Algumas indicações práticas e conselhos.

O maior conselho que se possa dar são os "conselhos evangélicos". Os três famosos conselhos evangélicos: obediência, pureza de coração e pobreza.

> Aqueles que seguem os conselhos evangélicos, ao mesmo tempo em que procuram a santidade para si mesmos, propõem, por assim dizer, uma "terapia espiritual" para a humanidade, porque recusam a idolatria da criatura e tornam de algum modo visível o Deus vivo. A vida consagrada, especialmente em tempos difíceis, é uma bênção para a vida humana e para a própria vida eclesial[25].

Além disso, o São João Paulo II exorta também que:

> Há no evangelho muitas recomendações que excedem a medida do mandamento, indicando não apenas o que é "necessário", mas aquilo que é "melhor". Assim, por exemplo: a exortação a não julgar, a emprestar "sem nada esperar em troca", a satisfazer todas as exigências e desejos do próximo, a convidar para a própria mesa

---

25. SÃO JOÃO PAULO II, *Exortação Apostólica Pós-sinodal Vita Consecrata*, 1996, 87.

os pobres, a perdoar sempre e muitas outras semelhantes. O fato de se ter concentrado nos três pontos da castidade, pobreza e obediência à profissão dos conselhos evangélicos, seguindo a Tradição, é um costume que parece pôr em relevo, de maneira suficientemente clara, a importância dos mesmos, como elementos-chave de toda a economia da Salvação, como elementos que, em certo sentido, a "resumem"[26].

Podemos, sem delongas, indicar alguns caminhos de espiritualidade intermediária para o crescimento espiritual.

Vejamos alguns:

1. *Consagração diária*. Assim como a mulher virtuosa (cf. Pr 31,10) que busca orientação divina em cada passo de sua jornada, devemos consagrar nossos dias ao Senhor através da oração. Que nossas manhãs comecem com gratidão em nossos corações e nossos joelhos dobrados em humildade diante do trono da graça.

Amanhecer bem com o despertar da fé e com um propósito diário é um caminho de crescimento e de sabedoria. Consagração por meio da oração é uma coisa muito simples quando praticada diariamente em nossa vida. Apenas é preciso ter cuidado para que esses atos de consagração não fiquem apenas em um espiritualismo "desencarnado".

Consagrar significa dedicar algo ou alguém a Deus. Quando uma pessoa ou alguma coisa é consagrada, fica dedicada para o louvor e o trabalho de Deus. Todo cristão

---

26. São João Paulo II, *Exortação Apostólica Redemptionis Donum*, 1984, 9.

deve consagrar sua vida a Deus. E, por certo, essa consagração da vida não é cômoda e fácil como querem fazer crer certas "consagrações" veiculadas na internet.

A consagração é um ato importante, que marca uma mudança na vida de uma pessoa. Consagrar-se a Deus implica abandonar o pecado e se dedicar ao agrado de Deus (cf. Lv 20,7-8). Todo cristão é chamado a se consagrar a Deus (cf. 1Cor 7,35). Aqueles que creem em Jesus não podem mais viver para o pecado. Na conversão, a vida é consagrada a Deus.

2. *Persistência e fé*. Recordemos as palavras encorajadoras do Senhor Jesus: "Pedi e vos será dado, procurai e achareis, batei na porta e ela se abrirá para vós. Porque todo aquele que pede, recebe. O que procura, acha. A quem bate, se abrirá a porta" (Mt 7,7-8). Enquanto mulheres virtuosas, não peçamos apenas, mas busquemos com fervor a presença de Deus em nossas vidas.

Mantenhamos nossa fé firme, sabendo que ele é fiel para responder às nossas súplicas no tempo e da maneira que ele sabe ser o melhor.

3. *Comunhão contínua*. A oração não deve ser apenas uma lista de pedidos, mas também um diálogo constante com nosso Pai celestial. Cultivemos momentos de silêncio em sua presença, permitindo, assim, que ele fale aos nossos corações e nos guie em todos os aspectos de nossa vida.

A comunhão se faz nas mais variadas dimensões: consigo mesmo, com o próximo, com o mundo e com Deus. É curioso quando ouvimos: "Eu sou de comunhão diária".

Isso é importante? Depende. Se a comunhão eucarística diária leva a uma real transformação de sua vida, a um abrir-se ao próximo e a Deus, então é realmente algo importante. Entretanto, se uma comunhão diária serve apenas para lhe ensoberbecer, fazendo crer que é melhor do que as demais pessoas, que é uma católica (ou católico) "classe A" – ou, como dizem alguns: "de verdade" –, então é preciso cuidado e verificar se não se está comungando a própria condenação (cf. 1Cor 11,27-29).

O Sacramento da Eucaristia é o memorial da morte e ressurreição do Senhor, por isso a Eucaristia deve ser celebrada como Jesus nos instruiu: até que volte. Ao comungarmos, é o próprio Corpo e Sangue de Cristo dentro de nós. Assim como precisamos do alimento corporal, a nossa alma necessita desse alimento espiritual para viver na graça de Deus.

A Eucaristia é compromisso de vida!

Ela é para alimentar a própria alma – por vezes, cansada –, mas é também algo muito maior que pervade todas as dimensões da vida. Infelizmente, por vezes nos encontramos diante de uma falta de significação – que é majoritariamente consequência de uma ignorância catequética –, da perda do sentido do sagrado, da falta da relação entre o Jesus dos evangelhos e o Cristo Eucarístico, da fragmentação dos mistérios da nossa fé, da ruptura entre fé e vida etc. Estamos diante do risco do "costume" ou da "rotina" da comunhão eucarística em nossa vida cristã.

Com palavras duras, o apóstolo Paulo alerta que as pessoas da comunidade cristã haviam se fechado à Eucaristia, pois viviam na divisão (1Cor 11,17). Esse fechamento da comunidade cristã levava a uma "ineficácia eucarística": "Ouço dizer que há entre vós divisões, quando vos reunis" (1Cor 11,18). E Paulo ainda acrescenta:

> Quando vos reunis em comum, já não é mais para comer a ceia do Senhor. Cada um, assim que chega, sem esperar, toma a sua própria ceia, de sorte que um tem fome, enquanto outro está embriagado (1Cor 11,20-21).

Fica evidente a ligação entre Eucaristia e conduta de vida/comunhão entre os irmãos. Como se vê, é preciso que reflitamos mais e melhor sobre a Eucaristia, é preciso verificar se nossas devoções eucarísticas são conforme o pensamento da Igreja ou se são apenas para o "nosso deleite pessoal", alimentando o nosso ego, "embriagando-nos" e deixando o próximo "com fome"...

4. *Intercessão pelos outros*. Seguindo o exemplo da mulher virtuosa que "estende a mão ao pobre e seus braços ao indigente" (Pr 31,20), elevemos também as nossas orações pelas necessidades de nossos irmãos e irmãs; mas não apenas a oração! Para que nossa oração suba à presença do Senhor, é preciso que tenhamos também ações/obras de caridade. Já dizia isso São Tiago:

> De que serve, meus irmãos, alguém dizer: "Tenho fé", se não tiver obras? [...] Se um irmão ou uma irmã estiverem nus e desprovidos de alimento de cada dia, e alguém de vós lhes disser: "Ide em paz, aquecei-vos e

fartai-vos", sem lhes dar o necessário para vida corporal, o que adiantaria? (Tg 2,14-16)

Na maioria das vezes, não precisamos de oração, mas de atitudes que ajudem as pessoas em determinadas situações. Temos o hábito de rezar pelos pobres, doentes etc. É correta essa atitude, mas, na maioria das vezes, eles precisam de pão, leite, vestuário, remédio, atendimento, conselho etc. Desde o começo de seu ministério, Jesus amou de maneira extraordinária os pobres e os desafortunados. Ele nasceu na casa de pais pobres e cresceu entre muitos outros pobres. Não conhecemos todos os detalhes de sua vida temporal, mas ele disse uma vez: "As raposas têm tocas, e as aves do céu, ninhos. Mas o Filho do homem não tem onde descansar a cabeça" (Mt 8,20).

Como vimos, interceder não é somente rezar pelas outras pessoas, mas é também ajudar concretamente o próximo. Nesse sentido, muito já se falou de quanta diferença podemos fazer na vida de alguém quando decidimos ajudar materialmente; mas você sabia que oferecer apoio social, material, também é uma forma de ajudar a si mesmo? De fato, Jesus mesmo disse que: "Há mais felicidade em dar do que em receber" (At 20,35). O doar-se ajuda muito nos processos pessoais de equilíbrio e harmonia, fazendo com que as pessoas vivam melhor.

Diante do exposto, só podemos imaginar como a comunhão de vida que deveria existir entre as mulheres ministras tem um poder transformador! Organizadas, se possível, em grupos de ministras, talvez a maior caridade já pudesse começar aí. Por isso a necessidade de reunião de planejamento para organizar a caridade na comunidade.

Nesse sentido é preciso superar certas limitações e aprofundar o sentido da genuína caridade cristã: embora seja louvável que muitos cheguem a doar cestas básicas, às vezes são essas mesmas pessoas que negam uma visita ao domicílio de alguém para levar uma palavra de conforto ou até mesmo fazer uma oração com quem necessite de atenção e cuidado. Às vezes, ajudar a distância é mais fácil, mas o Senhor nos pede mais.

Quando conseguimos "sair de nós mesmos e ir em direção ao outro", estamos realizando algo em nosso próprio favor; estamos melhorando a nossa autoestima e o nosso poder de tomada de decisões e, diferente do que muitos pensam – que o cuidar de si mesmo é uma forma de egoísmo –, pelo contrário, é algo necessário – na justa medida, naturalmente, para que se possa fortalecer e aumentar a nossa capacidade de ajudar o próximo.

5. *Gratidão transformadora*. A gratidão é uma intensa expressão de fé. A mulher virtuosa é grata em todas as circunstâncias, confiante na providência divina. Dessa forma, que as nossas orações sejam permeadas de agradecimento, reconhecendo as bênçãos abundantes que o Senhor derrama sobre nós a cada dia.

A oração, de certa forma, tem um custo: a necessidade de se tornar "ação"!

Atualmente, reza-se muito. As redes sociais estão sempre apresentando inúmeros momentos de celebração ou oração: missas, consagrações, palestras motivacionais, devoções de todo tipo. Em meio a essas veiculações, há muitas coisas de conteúdo extremamente duvidoso. Parece que, quanto mais absurdas sejam essas manifestações, mais adeptos elas encontram. Os entendidos em "sedução" (*coachings, influencers*) que povoam a internet ficam obcecados em promover certos devocionais fora do tempo e que, em muitos casos, não acrescentam nada à vida cristã; apenas estimulam certo devocionismo que chega a provocar divisões dentro da Igreja. E não falemos do que está por trás dessas divulgações: há muitos casos em que o que move certas personagens é apenas a "monetização" – ou seja, o recebimento de dinheiro, que enriquece apenas aqueles que se dedicam a divulgar esses conteúdos "devocionais".

Por outro lado, é preciso dizer que há muita coisa boa na internet. Por exemplo, no momento em que comecei a escrever este livro (maio de 2024), as mídias estavam falando à exaustão que o Vaticano irá canonizar um moço chamado Carlos Acutis, que nasceu em 1991, em Londres e, faleceu em 2006, na cidade de Monza, na Itália. Esse rapaz morreu de maneira precoce, vítima de uma leucemia, e foi beatificado em 2020 após ter seu primeiro milagre reconhecido pela Igreja.

Um adolescente de apenas 15 anos que será canonizado pela Igreja (provavelmente em 2025)! Esperemos que ele alcance de Deus ainda outros milagres. Quem sabe se, com seu exemplo de vida jovem, ele ajudará a rejuvenescer a face da nossa Igreja, despertando em nossos jovens, especialmente nas mulheres jovens, o desejo pelo serviço ministerial laical!

Das suas frases, ficam estas palavras de vida: "O kit para se tornar santo: Missa, Comunhão, Rosário, Leitura diária da Bíblia, Confissão e Serviço aos outros"[27].

4.3 Alguns hábitos espirituais da mulher ministra

Hábitos são coisas que fazemos com certa assiduidade. Você sabe exatamente o que são hábitos e como eles afetam a sua vida?

Com o tempo, o hábito se torna automático, ou seja, o cérebro passa a executá-lo de forma quase involuntária. Até Paulo adverte: "E tudo que disserdes ou fizerdes, seja sempre em nome de Jesus, o Senhor, dando por ele graças a Deus Pai" (Cl 3,17).

Também as atitudes devocionais se enquadram na categoria de hábitos. O devocional é um hábito que os cristãos almejam e levam a uma assiduidade em sua prática. Fazemos referência aqui às boas devoções, reconhecidas pela Igreja.

Como indicação, poderíamos aconselhar o seguinte: separe um tempo do seu dia, seja pela manhã, na hora do seu almoço ou no fim do dia, enfim, de acordo com que for melhor em sua jornada. Tenha um momento a sós com Deus. Nesse momento você pode ler um devocional diário, um trecho da Bíblia, louvar e/ou rezar, quem sabe até rezar a *Liturgia das Horas* – hoje há aplicativos para celular que facilitam em muito o acesso a essa que é considerada a "Oração da Igreja". Não é preciso ser

---

27. Disponível em: https://carmelocristoredentor.org.br/corpo-do-jovem-carlo-acutis-esta-incorrupto-postulador-se-pronuncia-sobre-rumores/, acesso em: 30 out. 2024.

um tempo muito longo, basta que se crie assim um hábito. Você só precisa abrir seu coração para ouvir a voz do Senhor e aprender.

Poderíamos dizer que um bom hábito é uma proteção para nossa vida. Os bons hábitos nos guardam de cair nos velhos e nocivos costumes que nos destroem, mas contra os quais parece que não temos forças para lutar. Criar rotinas boas deve ser um caminho de espiritualidade, especialmente para a mulher cristã.

Antes de iniciar o seu serviço ministerial, é desejável que haja algum momento devocional. Para que isso ocorra, pode ajudar o fato de chegar alguns minutos antes da celebração e se preparar para a ação litúrgica. Assim como acontece em uma orquestra, em que os instrumentistas e o maestro se reúnem previamente para fazer um "aquecimento", do mesmo modo a preparação anterior é fundamental para o início da ação litúrgica e pode consistir, por exemplo, na leitura tranquila e meditada dos textos bíblicos e litúrgicos da celebração.

Abaixo indicamos algumas atitudes de hábitos saudáveis para a saúde mental e espiritual. Com um tempo de prática, essas atitudes poderão transformar sua vida espiritual e pessoal.

Gratidão. "Em todas as circunstâncias, dai graças, pois esta é a vontade de Deus a vosso respeito, em Cristo Jesus" (1Ts 5,18).

Ainda que sua vida esteja bem difícil, seja grato, e isso lhe fará enxergar a luz onde ela parece não existir. A falta de meditação e de atenção à vida vai nos distanciando dos objetivos da vida cristã. Como resultado, vamos afundando nos problemas e ficando cada vez mais sufocados.

A mulher ministra prepara momentos de gratidão. Quando a gratidão se faz presente em nossas vidas, tudo ganha um significado especial. Ações simples, como fazer uma refeição em família ou poder descansar após o trabalho, se tornam significativas e nos fazem experimentar uma agradável satisfação.

A comunidade poderia criar um "mural da gratidão", escolhendo um lugar na parede da sua igreja, casa ou escritório para criar esse mural e colando sobre ele figuras que lhe remetam às coisas pelas quais ela se sente grata, incluindo fotos de pessoas especiais e o que mais desejar.

Ouvir mais e falar menos. A mulher ministra é uma pessoa que está sempre atenta a dar atenção às pessoas e foge do fingimento. Temos pressa em falar e contar nossos problemas, vitórias e desafios, e pouco paramos para escutar o que os outros têm para nos dizer.

Esse conselho poderá ser instrutivo para a pastoral da saúde, já que, na medida do possível, a visita aos enfermos deve ser feita "em silêncio e com poucas palavras", isto é: devemos deixar o doente falar (se desejar); eles carecem de contar suas dores e angústias.

> Escutar talvez seja a capacidade mais fascinante do humano, porque nos dá a possibilidade de conexão. Não há conhecimento nem aprendizado sem escuta real. Fechar-se à escuta é condenar-se à solidão, é fechar a porta ao novo, ao inesperado. Escutar é também um profundo ato de amor. Em todas as suas expressões: amor de amigos, amor de pais e de filhos. Escutar de verdade implica despir-se de todos os seus preconceitos, de suas verdades absolutas e de suas tantas certezas, para

se colocar no lugar do outro. Seja o filho, o pai, o amigo. E até o chefe ou o subordinado. O que ele realmente está me dizendo?[28]

Humildade e gentileza. Seja humilde e gentil. Humildade é a qualidade de quem age com simplicidade; uma característica das pessoas que sabem assumir as suas responsabilidades, sem arrogância, prepotência ou soberba.

A Bíblia ensina que: "O temor do Senhor ensina a sabedoria, e a humildade vem antes da glória" (Pr 15,33). "Não procedais em nada com espírito: de rivalidade e de vanglória, mas considerai humildemente os outros como superiores, não procurando os próprios interesses, mas também os dos outros" (Fl 2,3-4).

A pessoa humilde reconhece seus limites. "Por causa da graça que me foi dada, recomendo a cada um de vós que não faça uma ideia de si maior do que convém, mas faça uma ideia moderada conforme a medida da fé que Deus repartiu a cada um" (Rm 12,3).

Reverência por Deus. Quando exercitamos nossa percepção para entender a grandeza de Deus, mudamos nossa mente. Quando olhamos para ele, as coisas parecem menores, e isso é confortante neste mundo bagunçado.

Quem ama a Deus quer agradar a Deus. Por isso, a reverência a Deus leva à reverência por suas leis. Deus nos dá regras para vivermos de maneira pura e correta. Essas regras foram criadas para nosso bem, não para nos oprimir. Ele fica

---

28. MACHADO, JÚLIO, *Por que as pessoas falam muito e escutam pouco.* Disponível em: https://juliomachado.com.br/podcast-51-por-que-as-pessoas-falam-muito-e-escutam-pouco/, acesso em: 30 out. 2024.

feliz quando obedecemos, colocando sua vontade acima da nossa (cf. Hb 5,7). Na Bíblia há figuras muito inspiradoras sobre o que significa a reverência e a adoração a Deus. Uma delas é a do profeta Daniel que, diante da proibição de adoração a Deus decretada pelos governantes, sob pena de ser atirado na cova dos leões, não teve temor e manteve-se firme em sua relação com Deus:

> Quando Daniel soube que o decreto tinha sido publicado, foi para casa, para o seu quarto, no andar de cima, cujas janelas davam para Jerusalém e ali fez o que costumava fazer: três vezes por dia ele se ajoelhava e orava, agradecendo ao seu Deus (Dn 6,10-11).

Para o cultivo dessa nossa relação com Deus, podemos eleger algumas atitudes como, por exemplo, tirar um tempo para Deus, ser grato com tudo, ser humilde, amar os irmãos, lutar contra a tentação, buscar a Deus nas celebrações, nos grupos, nas reuniões, na comunhão fraterna, na experiência do dízimo, nas ofertas etc.

Cuidado com a saúde. Isso pode ser feito em muitas direções, inclusive por meio de um regime, jejum e outras práticas que podem ser associadas à dimensão religiosa; quem nunca teve dificuldade de se abster de algo por uma razão de saúde? Às vezes, invocar o Senhor, oferecer-lhe determinada abstenção ou jejum ajuda no sentido de encontrarmos mais forças interiores para manter determinada prática (por exemplo, o não uso do açúcar, do sal etc.).

Muitas vezes só nos damos conta da importância da saúde quando ficamos doentes! Manter-se saudável e ativo é uma das grandes alegrias da vida. Afinal, ao nos sentirmos bem, é possível fazer todas as coisas pelas quais temos alegria, como participar de atividades familiares, estar ao lado das pessoas que amamos etc.

Coisas simples, mas constantes, ajudam muito: beber água, uma alimentação correta, fazer exercícios físicos, procurar momentos de relaxamento e um bom período de sono. Todas essas coisas auxiliam no bom andamento da saúde. Entretanto, é sempre importante buscar a opinião de médicos: hoje há muitas ofertas de tratamentos "milagrosos" pelos canais da internet, por exemplo. Na maior parte das vezes essas indicações mais atrapalham do que ajudam. É importante nunca deixar de fazer exames de rotina, tomar os remédios prescritos pelos médicos etc. A pastoral da saúde deve estar também atenta não só à dimensão espiritual, mas também ajudando – quando é possível, naturalmente – naquilo que concerne à dimensão corpórea/material: ajudando a comprar remédios; a providenciar transporte para o doente etc.

> Há entre vós algum enfermo? Que mande chamar os presbíteros da Igreja, e estes orem sobre ele, ungindo-o com óleo em nome do Senhor. E a oração da fé salvará o enfermo e o senhor o reerguerá. E, se tiver cometido pecados, ser-lhe-á concedido o perdão (Tg 5,14-15).

Servir os outros e ser tolerante. "Suportai-vos uns aos outros. Perdoai-vos mutuamente sempre que alguém der a outro motivo de queixa. Como o Senhor vos perdoou, assim também vós" (Cl 3,13).

Perceber e se preocupar com os problemas dos outros com mais frequência do que com os nossos próprios problemas, em um sentido de preocupação genuína, é vontade de Deus. Com isso, notamos menos nossos problemas e enxergamos que temos parceiros nas angústias da vida.

Orar em vez de se preocupar. Paulo nos indica um caminho de reconciliação:

> Não vos preocupeis com coisa alguma; manifestai, porém, a Deus as vossas necessidades por meio de orações e súplicas com ação de graças. Então a paz de Deus, que supera todo o entendimento, guardará os vossos corações e vossos pensamentos em Cristo Jesus (Fl 4,6-7).

Mateus 6,25-34 é uma das grandes passagens da Bíblia sobre as preocupações. Jesus diz três vezes para não ficarmos preocupados (cf. versículos 25, 31, 34). Mas ele não para aí. Jesus, mais do que transmitir comandos, está interessado em trabalhar com os nossos corações. E, então, ele dá algumas razões (motivos) pelos quais não deveríamos ser ansiosos.

Vejamos:

- Motivo 1: A vida é importante demais (Mt 6,25). Nós precisamos sair do erro e avaliar nossas prioridades.
- Motivo 2: Você é importante demais (Mt 6,26). Nós não apenas insultamos Deus quando nos preocupamos com comida, roupa e dinheiro: nós insultamos também a nós mesmos.
- Motivo 3: Preocupar-se em demasia não faz bem algum (Mt 6,27).
- Motivo 4: Deus se importa com você (Mt 6,28-30). Deus faz crescer as flores do campo. Por quê? Porque ele quer. Porque elas são bonitas. Porque ele é criativo. Porque ele gosta de beleza.

- Motivo 5: Os pagãos se preocupam (Mt 6,30-32a). Alguns de nós nos preocupamos tanto que acabamos por viver como se Deus realmente não existisse. É isso o que fazem os pagãos.
- Motivo 6: O reino é mais importante (Mt 6,33). Jesus quer nos libertar das falsas preocupações. Muitas vezes, quando nós temos carros, barcos, tratores e casas bacanas, nós nos preocupamos com eles. E se um acidente acontecer, ou um raio cair, ou um ladrão invadir a casa? Mas a verdade é que nenhum desses bens pode nos trazer a vida ou a felicidade.
- Motivo 7: O amanhã será ansioso por si mesmo (Mt 6,34). A graça de hoje foi para as provações de hoje. E quando as provações de amanhã chegarem, então Deus terá uma nova graça esperando por você.

Ansiedade é viver o futuro antes que ele chegue. "As misericórdias do Senhor são inesgotáveis: cada manhã elas se renovam; grande é sua fidelidade. Diz minha alma: 'O Senhor é meu quinhão, por isso nele espero'" (Lm 3,22-24).

Li certa vez em um site da internet as seguintes frases:

> A ansiedade é algo que machuca a alma, fere o coração e continua sem parar até te ver no chão. A ansiedade e o medo envenenam o corpo e o espírito. A ansiedade é o excesso do futuro no presente. A ansiedade faz o pensamento tão veloz que a realidade não consegue acompanhar[29].

---

29. Disponível em: https://www.pensador.com/frases_de_ansiedade/, acesso em: 04 nov. 2024.

Ler a Palavra de Deus. Essa prática deve ser diária. O hábito de ler as Escrituras fortalece a espiritualidade e anima na caminhada. A Palavra de Deus é o pão espiritual para nossas vidas. Ler a Palavra de Deus durante as devoções espirituais é uma obrigação diária para as mulheres ministras. "Passará o céu e a terra, mas as minhas palavras não passarão" (Mt 24,35).

A oração calma e reflexiva da liturgia do dia estimula o raciocínio, melhora o vocabulário, aprimora a capacidade interpretativa, além de proporcionar ao leitor um conhecimento amplo e diversificado sobre vários assuntos.

> Ler diminui o estresse diário e nos proporciona diversão e entretenimento, imaginar os lugares ou personagens nos faz focar na história e esquecer das tarefas, além de ser um exercício de imaginação divertido. Ler desenvolve a criatividade, a imaginação, a comunicação, o senso crítico, e amplia a habilidade na escrita[30].

Fugir da imoralidade sexual. É preciso ter cuidado com a sexualidade e suas várias dimensões. Por exemplo, o cuidado com a sensualidade ao servir em algum ministério é muito importante; ainda que a maldade possa estar no olhar do outro, nem por isso posso ser ingênuo, não posso induzir o outro ao pecado; por isso – a título de exemplo – as vestes devem ser comedidas e dignas.

---

30. A importância de se cultivar o hábito da leitura, disponível em: https://www.redeicm.org.br/purissimo/a-importancia-de-se-cultivar-o-habito-da-leitura/, acesso em: 04 nov. 2024.

Também muito apego às redes sociais poderá ser uma ocasião próxima de pecado: a quantidade de sites pornográficos hoje é imensa. As consequências para você mesmo e para as pessoas à sua volta podem ser muito graves: transtornos emocionais; doenças sexualmente transmissíveis; perda da confiança nas pessoas; destruição de famílias; gravidez indesejada; sentimentos de culpa e abandono; perda de comunhão com Deus, entre outras consequências.

Lembrar que Deus está com você. A mulher ministra é aquela pessoa centrada na sua fé sem se apegar ao devocionismo exagerado da maioria.

> Não te dei esta ordem: "Sê forte e corajoso"? Não tenhas, pois, medo, nem temor, porque Javé, teu Deus, estará contigo aonde quer que tu vás (Js 1,9).

> Estou convencido de que nem morte, nem vida, nem os anjos, nem os poderes, nem as coisas presentes ou futuras, nem as forças, nem altitude, nem as profundezas, nem outra criatura qualquer poderá nos separar do amor que Deus nos manifesta em Cristo Jesus, nosso Senhor (Rm 8,38-39).

Momento de adoração. Antes de iniciar o trabalho de serviço ministerial, se for possível, é bom chegar mais cedo para a adoração silenciosa e contemplação diante do sacrário. Esse momento é imprescindível. Acolher o mistério antes da celebração, para celebrá-lo com disposição de uma batizada.

Muito apego às redes sociais. Além dos problemas ligados à sexualidade, muitas vezes somos dominados pelas redes; nesse caso, é certamente um vício que se deve combater. Embora o uso da internet não seja por si só um mal, devemos cultivar uma justa relação com esse meio.

A esse propósito, o filósofo norte-coreano Byung-Chul Han diz:

> Hoje estamos obcecados não com as coisas, e sim com informações e dados, ou seja, não coisas. Hoje somos todos infômanos. O cansaço da sociedade do desempenho é um cansaço solitário, que atua individualizando e isolando[31].

A mulher ministra se utiliza da tecnologia em benefício da evangelização e do conhecimento comunicacional de interação.

Concluindo sobre a importância dos bons hábitos:

> Agora sabemos por que os hábitos surgem, como eles mudam, e a ciência que há por trás de sua mecânica. Sabemos como dividi-los em partes e reconstruí-los de acordo com nossas especificações. Entendemos como fazer as pessoas comerem menos, se exercitarem mais, trabalharem de forma mais eficiente e levarem vidas mais saudáveis. Transformar um hábito não é necessariamente fácil nem rápido. Nem sempre é simples[32].

---

31. HAN, BYUNG-CHUL, *A sociedade do cansaço*, Petrópolis, Vozes, 2015, 38.
32. DUHIGG, CHARLES, *O poder do hábito*, Rio de Janeiro, Objetiva, 2012, 408.

4.4 A vida cristã da mulher ministra

Gostaria de formular um conselho: a mulher que exerce um ministério na Igreja não pode imitar certos devocionais propostos por muitos na internet; ela não pode ser aquela que segue os modismos religiosos que aparecem. É sempre desejável manter um rigoroso critério de discernimento, pois hoje em dia aparecem inúmeros movimentos com propostas devocionais estranhas, ensinando algum comportamento religioso que, por vezes, é até contrário às práticas devocionais sadias do universo católico.

Contra essas falsas devoções que abundam na internet, com fórmulas cheias de palavras, é bom lembrar o que diz a Sagrada Escritura:

> Não te precipites ao falar, e o teu coração não se apresse em proferir palavras na presença de Deus, porque Deus está no céu, e tu na terra; por isso sejam sóbrias as tuas palavras, pois dos muitos afazeres provém o sonho, do palavrório, propósitos ineptos (Ecl 5,1-2).

Seguindo três conselhos e orientações do *Catecismo da Igreja Católica* (CIC), vejamos o que ele descreve sobre a "vida cristã"[33] (cf. os números: 2012-2029):

> 1º. "O progresso espiritual tende para a união cada vez mais íntima com Cristo. Esta união chama-se 'mística',

---

33. Seria bom ler toda a parte do *Catecismo* dedicada a esse tema, que vai do número 2012 até o número 2029.

porque participa no mistério de Cristo pelos sacramentos – 'os santos mistérios' – e, nele, no mistério da Santíssima Trindade. Deus chama-nos a todos a esta íntima união com ele, mesmo que graças especiais ou sinais extraordinários desta vida mística somente a alguns sejam concedidos, para manifestar o dom gratuito feito a todos" (n. 2014).

2º. "O caminho desta perfeição passa pela cruz. Não há santidade sem renúncia e combate espiritual. O progresso espiritual implica a ascese e a mortificação, que conduzem gradualmente a viver na paz e na alegria das bem-aventuranças: 'Aquele que sobe, nunca mais para de ir de princípio em princípio, por princípios que não têm fim. Aquele que sobe nunca mais deixa de desejar aquilo que já conhece'" (n. 2015).

3º. "Os filhos da santa Igreja, nossa Mãe, esperam justamente a graça da perseverança final e a recompensa de Deus seu Pai pelas boas obras realizadas com a sua graça, em comunhão com Jesus. Observando a mesma regra de vida, os fiéis cristãos partilham 'a feliz esperança' daqueles que a misericórdia divina reúne na 'cidade santa, a nova Jerusalém, descendo do céu, de junto de Deus, vestida como noiva'" (n. 2016).

Vivemos um tempo de muita insatisfação religiosa e, com isso, vamos adentrando em movimentos e devocionismos que aparecem a cada instante. Nesse sentido, acabamos seguindo a lógica do "consumo" desenfreado, como propósito de encontrar satisfação em uma fé que se ajuste às necessidades individuais. A mulher ministra deve estar muito atenta a não se deixar levar por essa tentação de "consumir" uma fé que apenas dê uma satisfação pessoal, que não leve a um compromisso com a comunidade local e com Deus.

4.5 A espiritualidade eucarística da mulher

A espiritualidade da mulher ministra, de modo especial, passa pela Eucaristia ou culto eucarístico. Segundo São Pedro Julião Eymar, conhecido como o apóstolo da Eucaristia e fundador da Congregação dos padres Sacramentinos, há um único remédio que pode nos ajudar:

> Refleti muito sobre os remédios para vencer a indiferença universal, que se apodera de tantos homens, e encontrei somente um: a Eucaristia, o amor a Jesus eucarístico. A perda da fé provém da perda do amor[34].

De fato, esse autor deixou ainda outros inúmeros pensamentos, e alguns podem ser encontrados facilmente na internet, como, por exemplo, estes:

> "A Eucaristia é a suprema manifestação do amor de Jesus: depois dela nada há mais, senão o céu." "O que inspira receio, hoje em dia, é ver Jesus-Eucaristia abandonado em todas as cidades, sozinho, absolutamente só."

---

34. Texto disponível em: https://www.vaticannews.va/pt/santo-do-dia/08/02/s--pedro-juliao-eymard--sacerdote-fundador-dos-sacramentinos.html, acesso em: 04 nov. 2024.

"A Eucaristia deve incendiar o mundo inteiro, e os incendiários deste fogo Eucarístico são todos que amam Jesus."[35]

É necessário resgatar a adoração Eucarística, mas dentro daquilo que nos pede a Igreja. Para começar, uma reta adoração deve ser feita sempre fora da celebração da missa[36]. Alguns imaginam que a missa sirva para adorar a Eucaristia, mas não é bem assim; na verdade, "a celebração da Eucaristia no sacrifício da Missa é a origem e o fim do culto que lhe é prestado [à Eucaristia] fora da Missa"[37].

Outra informação interessante que nos dá uma justa medida no âmbito da adoração Eucarística é dada pelos próprios livros litúrgicos, quando afirmam:

> A finalidade *primária e primordial de conservar a Eucaristia fora da Missa é a administração do Viático*; são *fins secundários a distribuição da comunhão e a adoração de nosso Senhor Jesus Cristo presente no Sacramento*. A conservação das sagradas espécies para os enfermos introduziu o louvável costume de adorar-se este alimento celeste conservado nas igrejas. Esse culto de adoração

---

35. Essas frases estão disponíveis em: https://gaudiumpress.org/content/historia-oracao-e-frases-de-sao-pedro-juliao-eymard/, acesso em: 04 nov. 2024.
36. "Durante a exposição do Santíssimo Sacramento, proíbe-se a celebração da Missa no mesmo recinto da igreja ou oratório". SAGRADA CONGREGAÇÃO PARA O CULTO DIVINO, *A Sagrada Comunhão e o Culto do Mistério Eucarístico Fora da Missa*, n. 83.
37. SAGRADA CONGREGAÇÃO DOS RITOS, *Instrução Eucharisticum Mysterium*, n. 3.

se apoia em fundamentos válidos e firmes, sobretudo porque a fé na presença real do Senhor tende a manifestar-se externa e publicamente[38].

As afirmações que fizemos não são para diminuir a piedade em relação à Eucaristia, mas para encontrar um justo equilíbrio desejado pela Igreja e, muitas vezes, mal compreendido por muitos. Atualmente, não há nada de mais triste do que ver certas pessoas que propagam algumas devoções exageradas na internet, mas, na verdade, estão mais preocupadas em aumentar o número de acessos ou seguidores nas redes do que propriamente com a devoção.

Atribuem-se ao Papa São Pio X as seguintes palavras:

> A devoção à Eucaristia é a mais nobre de todas as devoções, porque tem o próprio Deus por objeto; é a mais salutar porque nos dá o próprio autor da graça; é a mais suave, pois suave é o Senhor.

Portanto, dentro do que foi abordado, a mulher ministra pode muito bem iniciar sua atividade pastoral diante do sacrário, em sinal de adoração; chega minutos antes de sua atividade ministerial para se preparar dignamente para o serviço. Com essa intenção e atitude se dispõe ao serviço. Naturalmente essa devoção não deve ter lugar apenas quando do exercício do ministério: em outros momentos é muito salutar cultivar um momento de intimidade com o Senhor.

---

38. SAGRADA CONGREGAÇÃO PARA O CULTO DIVINO, *A Sagrada Comunhão e o Culto do Mistério Eucarístico Fora da Missa*, n. 5.

5
A mulher transforma as relações da família cristã

A mulher cristã "poderá" ser tudo na família e, um pouco mais, na sociedade! De modo que, guiada pelo Espírito Santo de Deus, ela é agente transformador da realidade. Como já dissemos, a Bíblia é repleta de exemplos de mulheres de valor e descreve como essas mulheres influenciaram, positivamente, seus maridos e a sociedade em situações importantes.

Nesse sentido, a mulher cristã precisa observar algumas qualidades e virtudes.

A mulher cristã não deve ser:
- *Triste e amargurada*. Especialmente com o marido ou consigo mesma; nem com a Igreja. De fato, a coisa mais deprimente, na comunidade, é ver pessoas sem brilho, sem otimismo, desmotivadas para os trabalhos da Igreja. Essas pessoas não agregam nenhum valor à comunidade. São apagadas, desistem de toda proposta e não assumem nenhum trabalho com coragem e alegria.

Tristeza não combina com o evangelho. Se for uma questão de doença, deve ser tratada. Sempre se aconselha a visita ao psicólogo ou ao psiquiatra, dependendo da situação clínica da enferma.

- *Maldizente*. Tem gente que reclama de tudo e de todos. O hábito de reclamar não é benéfico para a saúde da mente nem do corpo. Além disso, pessoas "reclamonas" afastam amigos e familiares e perdem oportunidades de formar novos vínculos afetivos em razão de sua negatividade.

O termo "maldizente" é um adjetivo que se refere a alguém que tem o costume de falar mal dos outros, de proferir palavras negativas e prejudiciais sobre alguém. Uma pessoa maldizente é aquela que costuma difamar, caluniar e espalhar boatos sobre outras pessoas, muitas vezes sem fundamento. Imagine uma pessoa dessas no exercício de um ministério!

A gratidão tem o efeito contrário da reclamação. A gratidão eleva o humor, aumenta a felicidade e aproxima pessoas umas das outras; faz a gente viver em comunhão.

- *Vaidosa*. A vida da mulher cristã deve ser exemplar. Ela não deve ser escrava do cuidado com a própria aparência: estamos falando do exagero, da ostentação.

A vaidade consiste em uma estima exagerada de si mesma, uma afirmação esnobe da própria identidade. Para alguns, a vaidade é mais utilizada hoje para estética visual e aparência da própria pessoa (cf. 1Pd 3,3-4). Nesse sentido, as academias de ginástica, embora boas e necessárias para o cuidado da saúde, estão também repletas de pessoas insatisfeitas com a própria vida.

Jesus sempre nos deu uma grande dica sobre como tratar a vaidade: "Aquele que quiser ser o maior, que seja o menor" (cf. Lc 22,26). "Vaidade das vaidades, diz o pregador, vaidade das vaidades! Tudo é vaidade! Que proveito tem o homem de toda a fadiga a que se sujeita debaixo do sol?" (Ecl 1,2-3). A vaidade é sempre negativa. Ela é diferente do cuidado sadio da aparência e da saúde, que deve existir até para ajudar no serviço aos outros: uma pessoa desarrumada, que não se cuida, que não é capaz de manter nem mesmo sua higiene pessoal, mais repele as pessoas do que as cativa.

– *Mansa* (Mt 5,5). Falar baixo, saber ouvir (Tg 1,19), saber corrigir e responder, não ser áspera, ser misericordiosa (Mt 5,7) e não voltada a críticas maldosas: essas são características desejáveis, a serem perseguidas pela mulher cristã. Claro, deve-se sempre lembrar que todos somos humanos, que nem sempre será possível ter essa mansidão ou ajudar alguém. Por outro lado, dentre tantas virtudes, parece que Jesus quis destacar justamente duas: mansidão e humildade. Ele fez questão de dizer que devemos tomar o seu jugo e receber a sua doutrina porque ele próprio é "manso e humilde de coração" (Mt 11,29).

A mansidão é uma virtude que exige muita paciência e compreensão. Para se chegar a esse ponto exige-se uma caminhada de fé muito grande. A gente não pode confundir "mansidão" com gente "boba" que aceita tudo de cabeça baixa, apenas para dizer que é obediente, mas está repleta de medo.

– *Pacificadora* (Mt 5,9). Suportar em silêncio as afrontas e saber quando é o momento de deixar Deus agir: às vezes é melhor ter paz do que ter razão. A mulher cristã deve aprender a derrubar os muros da separação fraternal com oração e jejum. Esse caminho é difícil, pois exige mais determinação e sabedoria para agir diante dos desafios.

A história bíblica de Ana, a mãe de Samuel, nos oferece várias lições valiosas que podemos aplicar às nossas próprias vidas (cf. 1Sm 2,12-26):

1. Fé e persistência: mesmo diante das provações e dificuldades, Ana permaneceu fiel e perseverante em sua busca por Deus;
2. Confiança em Deus: Ana confiou no poder e na fidelidade de Deus, que cumpre fielmente suas promessas. Ela reconheceu que todas as bênçãos vinham do Senhor e expressou sua gratidão por seu cuidado e provisão.
3. O poder da oração: a história de Ana destaca o papel da oração e seu poder transformador. O poder da oração não está em rezar muito, mas na perseverança e na constância, sem desistir. Mas, quando cremos em Deus, a oração tem poder para: curar, libertar, fortalecer, perdoar e fazer milagre (cf. Tg 4,8).

- *Reconciliadora* (cf. Mt 5,23-24). A mulher cristã deve estar sempre pronta em reconhecer seu erro contra o próximo. A falta de reconciliação é atitude de quem é incrédulo. A reconciliação deve ser buscada sempre (cf. Mt 18,21-22) e com urgência (cf. Lc 15,19).

Livre é aquela pessoa que foi reconciliada e que vence o mal pelo bem (cf. Rm 12,17-20). Na maioria das vezes resistimos à reconciliação como ato de fraqueza, mas não. É uma fortaleza e uma grandeza de alma. A reconciliação é uma lição de vida.

As pessoas que foram magoadas e não perdoaram continuam a sofrer por represarem a raiva e a amargura. Não perdoar: isso não compensa e não traz benefício algum.

Disse o Papa Francisco: "A reconciliação não é uma prática de devoção, mas o fundamento da vida cristã"[1]. O perdão é divino e supõe muita força. São Francisco de Assis, em sua famosa oração, dizia que "é perdoando que se é perdoado; e é morrendo que se vive para a vida eterna"! Neste caso, "o morrer" não é apenas o morrer físico, mas é também "o morrer" para o orgulho, para si próprio, para o pensamento "mas o que o outro dirá se eu lhe pedir perdão?". Não há outra forma de fazer a experiência da vida eterna já nesta vida, senão perdoando e morrendo para si mesmo. Perdoar é uma atitude nobre. Principalmente para quem sofreu uma traição ou algum tipo de violência. Certas situações deixam marcas profundas em qualquer pessoa. E, com isso, uma mágoa grave e um grande rancor se instalam. O caminho, enfim, é perdoar, reconciliar.

> Por isso, revesti-vos de toda ternura, bondade, humildade, delicadeza e paciência, como escolhidos de Deus, seus santos e muito amados. Suportai-vos uns aos outros. Perdoai-vos mutuamente, sempre que alguém der a outro motivo de queixa. Como o Senhor vos perdoou, assim também vós. Mas, sobretudo, distingui-vos pela caridade, que é o laço da união perfeita. E a paz de Cristo reine em vossos corações, pois a ela fostes chamados para formar um só corpo. Enfim, vivei sempre agradecidos! (Cl 3,12-15)

---

1. PAPA FRANCISCO. *Homilia na Celebração da Reconciliação*, Roma, 8 de março de 2024. Disponível em: https://www.vatican.va/content/francesco/pt/homilies/2024/documents/20240308-omelia-penitenza.pdf, acesso em: 07 nov. 2024.

- *Sensível.* Sintonize-se; fique atenta às necessidades ao seu redor (cf. Fl 2,4). Geralmente dizemos que a mulher é mais sensível, mas cuidado para não exceder e exagerar na sensibilidade, que leva por vezes ao silêncio, ao fechamento, para não magoar o próximo escondendo a verdade.
- *Simpática e hospitaleira.* Esse lado é interessante para quem exerce um ministério. Os ministros em geral, mas mais frequentemente as ministras, são observados pelo decoro e acolhimento. Nem sempre estamos bem, mas as pessoas não têm culpa por nossos problemas. Façamos bem a nossa parte no exercício do ministério: que a ministra seja sempre atenciosa para com todas as pessoas. Cuide-se para não deixar ninguém sem um cumprimento. Todos merecem a sua atenção. É preciso se cuidar para melhorar o humor. Esboçar um sorriso, por mais sofrido que seja, pode melhorar sua vida e a vida dos outros.

Pessoas que se dedicam a se conhecer sabem como se agradar e tomam atitudes para cuidar de si mesmas, como não prestar atenção no que lhe incomoda. Tem gente que não desconfia que seja mal-humorada e é desagradável estar exercendo o ministério de cara amarrada. Esses pequenos conhecimentos são adquiridos através de muita reflexão, atenção e de psicoterapia.

- *Fiel e sincera.* Embora normalmente entendamos uma mulher fiel como aquela que não mantém ligações amorosas senão com a pessoa com quem se comprometeu, "fiel" também pode ser entendido como aquela mulher que não muda seu comportamento, que é firme, constante e perseverante, que é uma amiga certa.

Fiel significa ainda aquilo que é exato, verídico: narração fiel ou história fiel. A expressão fiel é usada ainda quando se faz referência ao que é idêntico: cópia fiel.

Devem-se evitar as fofocas, as intrigas, as conversinhas em certas rodas de "amigas" que, em geral, se reúnem para fofocar sobre a vida alheia. Fugir dessas ocasiões é algo devido. Outro cuidado será sobre as redes sociais; cuidado com aquilo que se posta nas redes da internet. A mulher ministra deve ter mais cuidado com as suas publicações e exposições. Existem publicações inconvenientes e que não fazem sentido para uma mulher de Deus. Não podemos ir ao embalo das pessoas, ficar "curtindo" coisas que são contrárias à nossa fé ou ficar repassando mensagens que só aprofundam a violência, a pornografia etc.

– *Espontânea*. O que significa ser uma pessoa espontânea? Uma pessoa espontânea é aquela que não faz só o que lhe mandam. É também a pessoa que simplesmente diz o que pensa porque acredita que aquilo seja o certo, fala por se sentir livre em um ambiente – é verdade, no entanto, que devemos sempre ter muito cuidado quando emitimos uma opinião.

Espontaneidade é o que experimentamos quando desligamos o piloto automático. É sinônimo de diálogo interno atento ao momento – que estimula a expressão da vontade e da verdade mais íntima.

Podemos dizer, então, que somos espontâneos sempre que agimos com naturalidade, sem medo de constrangimentos e julgamentos. Em outras palavras: a espontaneidade nos liga às oportunidades, tais como elas se apresentam.

A espontaneidade pode ser também percebida, por exemplo, na ação daquela pessoa que tem iniciativa na comunidade. Não precisa ser convocada para uma ação ou atividade na comunidade. A pessoa observa a necessidade e se dispõe ao trabalho. Chamamos isso de pessoas determinadas, espontâneas. Talvez seja a qualidade mais rara, pois, em geral, ficamos esperando sermos chamados pelas outras pessoas, argumentando que fazemos isso por ser uma prova de humildade. Muitas vezes, trata-se de timidez e, nesse caso, é necessário que você pratique a arte da espontaneidade. É preciso "desenferrujar" para agir no momento certo! Lembre-se de que na maior parte das vezes, não é necessário esperar para ser chamada para a ação. Basta tomar uma iniciativa... Geralmente, as pessoas bem-dispostas são cada vez mais essenciais, pois têm a capacidade de trabalho aumentada, focam e não desistem facilmente. Pensando em nossas comunidades, é o que precisamos neste momento.

A mulher engajada no mundo

Não é uma tarefa fácil pensar e escrever sobre o lugar da mulher na sociedade e na Igreja, em especial, para o tempo presente, mas é importante que façamos a reflexão chamando a atenção para esse ministério.

Acontece que os nossos referenciais tidos como inabaláveis hoje parecem mudar a todo o tempo. Como já dissemos, vivemos em uma "sociedade líquida" em que tudo parece se desfazer em pouquíssimo tempo. Nesse contexto, ainda constatamos que são poucas as mulheres cristãs engajadas nas tarefas do mundo, que está em constante mutação e clama por pessoas que indiquem apoios sólidos perante os desafios cotidianos. Os caminhos são vastos e diversos, e a mulher cristã se depara com desafios complexos e multifacetados.

A luta pelo engajamento é uma tarefa quase inglória para os tempos atuais. Haja vista o avanço de certas visões conservadoras dentro da própria Igreja, que tendem a classificar a "ajuda aos pobres" ou a "luta por uma sociedade mais justa" na lista de expressões típicas de uma "ideologia comunista", que deve ser combatida.

Existe uma "corrente do medo" a pairar sobre nós. Apela-se a um tipo de cristianismo morno e sem viço (a Bíblia usa expressões fortes para indicar o cristão "morno" – cf. Ap 3,14-16 –, isto é, aquele que fica no meio termo em sua fé, que não se compromete). Daí aparecerem os medos que detonam e reduzem o evangelho a cinzas.

Observamos os grandes encontros dos movimentos, certas concentrações de igrejas televisivas, de padres midiáticos, e vemos aquele estupor, animação, glamour, mas sem objetivo e função social alguma, apenas o clamor insensível por um mundo surdo e distante! Parece contradizer o evangelho e os conselhos de Tiago:

> Se alguém imagina ser homem religioso e não refreia sua língua, ilude seu próprio coração, e sua religião é vã. A religião pura e imaculada aos olhos daquele que é Deus e Pai consiste em socorrer os órfãos e as viúvas nas suas aflições e preservar-se da corrupção do mundo (Tg 1,26-27).

Nesse lamaçal de desatenção concreta para com o outro, apela-se, apenas, à oração intimista. Embora a reza seja algo bom e faça parte da vida espiritual cristã, ela deve necessariamente nos levar a gestos concretos. A oração do Senhor ou o *pai-nosso*, por exemplo, é, nesse sentido, um modelo exemplar de como devemos nos dirigir a Deus em nossas orações. A oração se traduz em modo e modelo de vida. Vemos isso em um dos maiores exemplos dados pelas Escrituras: a mãe de Jesus no seu estupendo *Magnificat*:

Então, Maria disse: "Minha alma engrandece o Senhor, meu espírito alegra-se intensamente em Deus meu Salvador, porque olhou para a humildade da sua serva. De agora em diante, todas as gerações me chamarão bem-aventurada, porque o Todo-Poderoso fez em mim grandes coisas. Santo é Seu Nome e Sua misericórdia se estende de geração em geração sobre os que o temem. Manifestou a força de seu braço, dispersou os homens de coração soberbo. Derrubou os poderosos de seus tronos e elevou os humildes. Deixou os famintos satisfeitos, despediu os ricos de mãos vazias. Socorreu Israel, seu servo, lembrando-se da sua misericórdia – conforme tinha prometido aos nossos pais – para com Abraão e sua descendência, para sempre!" (Lc 1,46-55).

Também podemos encontrar virtudes em algumas santas que nos inspiram: a disponibilidade de Teresa de Calcutá, mulher decidida pelo reino, que soube acolher a mensagem do evangelho na opção pelos pobres. Mais recentemente, entre nós, a baiana irmã Dulce dos pobres, dedicada e disponível na causa do acolhimento daqueles que eram abandonados e adoecidos; responsável pela construção de um hospital para o cuidado com os doentes.

Há essa e outras mulheres, como Santa Rita, que, embora estando no convento, conseguia tempo para acudir aos mais necessitados, tanto de um ponto de vista material quanto espiritual. A sua vida de oração e obediência às normas não a tornou mais reclusa que as demais irmãs. Ela, por exemplo, conseguia tempo para a ação e tinha inspiração para agir em favor de outras mulheres sofridas como ela.

Já mencionamos o caso de irmã Dorothy, mas não podemos nos esquecer das mulheres dos tempos rígidos da década de 1960 no Brasil, perseguidas pelo regime da ditadura civil-militar (1964-1985). Lembremo-nos da irmã Maurina (1926-2011), na proximidade do centenário do seu nascimento. Atada a um poste, recebia choques elétricos para a diversão de alguns militares. Símbolo de resistência durante o regime militar brasileiro, a história da religiosa, apesar de não muito conhecida[1], é de um enorme significado.

Como se vê, o papel da mulher na Igreja e no mundo é urgente. É preciso colocar a oração em movimento. É preciso abraçar causas e lutas que importam, e muito, ao cristianismo: o aborto e o desmantelamento da família, por exemplo, são temas que carecem sempre de "mão de obra" cristã. A falta de testemunho e engajamento de cristãs e cristãos tem colaborado para um Brasil deficiente e distante do evangelho, embora nos consideremos o país mais cristão do mundo!

As pequenas comunidades eclesiais missionárias precisam se alinhar em defesa do bom anúncio da Palavra de Deus; os trabalhos com a pastoral familiar e encontros de casais e outras manifestações devem estar centrados na ação evangelizadora em favor da família. As Diretrizes (2019-2023)[2] chamam a atenção à "comunidade-casa", como: espaço de encontro, lugar de ternura, da família e de portas sempre abertas (cf. n. 73).

---

1. Irmã Maurina foi injustamente acusada de participação em um grupo de jovens revolucionários. Brutalmente torturada, ela viveu longos anos de exílio no México. No site da Assembleia Legislativa do Estado de São Paulo há informações sobre sua vida e seu calvário: https://www.al.sp.gov.br/noticia/?id=339079, acesso em: 08 nov. 2024.
2. CNBB, *Diretrizes Gerais da Ação Evangelizadora da Igreja no Brasil (2019-2023)*, Doc. 109, Brasília, Edições CNBB, 2019.

Carecemos do estudo básico da Doutrina Social da Igreja, uma dimensão muito importante para a instituição:

> O curso da história está marcado por profundas transformações e por exaltantes conquistas do trabalho, mas também pela exploração de tantos trabalhadores e pelas ofensas à sua dignidade. A revolução industrial lançou à Igreja um grande desafio, ao qual o Magistério social respondeu com a força da profecia, afirmando princípios de valor universal e de perene atualidade, em favor do homem que trabalha e de seus direitos. [...] O trabalho, com efeito, "chave essencial" de toda a questão social, condiciona o desenvolvimento não só econômico, mas também cultural e moral, das pessoas, da família, da sociedade e de todo o gênero humano[3].

Apesar de tantos avanços, o silenciamento da mulher cristã na Igreja ainda se faz presente em vários ambientes. As nossas propostas de pastoral não atingem o clamor do evangelho em favor de um mundo novo. A Igreja necessita de uma urgência para abrir esse evangelho à sociedade e derramá-lo como pétalas de justiça. Estamos muito circundados por pautas espirituais desencarnadas, e, com isso, a mulher cristã não reage em favor de um evangelho transformador.

---

3. Pontifício Conselho "Justiça e Paz", *Compêndio da Doutrina Social da Igreja*, nn. 267.269, disponível em: https://www.vatican.va/roman_curia/pontifical_councils/justpeace/documents/rc_pc_justpeace_doc_20060526_compendio-dott-soc-po.html#O%20dever%20de%20trabalhar, acesso em: 08 nov. 2024.

Necessitamos de mulheres fortes, que vençam desafios, como foi o caso de Rachel de Queiroz (1910-2003), uma importante escritora e primeira mulher a entrar na Academia Brasileira de Letras. Necessitamos da beleza poética e profundidade de uma Cora Coralina (1889-1985); de uma Cecília Meireles (1901-1964) ou de uma Clarice Lispector (1920-1977); mulheres que romperam cercos e passaram a figurar no cenário literário brasileiro.

Mesmo observando a mulher na ótica das redes sociais, o que aparece das mulheres cristãs é por vezes desolador e vergonhoso. Embora haja ótimas exceções, é triste ver como um número expressivo de mulheres assumidamente cristãs posta vulgaridades e coisas sem a mínima importância para o reino. Não que seja proibido postar festas, modas, vestes, compras, praias, passeios e outras fotos de menor importância, mas é fundamental que apareça também o testemunho! O testemunho da família, o testemunho da fé, o testemunho das boas obras.

O clamor pelo testemunho deve ser gritante e urgente. Precisamos correr, nos preparar para o Senhor que vem. E, se a medalha de ouro é o prêmio máximo para aqueles que chegam ao final de uma corrida e conquistam o primeiro lugar, nessa nossa corrida em direção ao céu, o vencedor alcança a santidade.

Muitas mulheres (e muitos homens também) estão caindo e ficando para trás ao longo dessa caminhada, mas é o próprio Deus quem convoca cada um de nós para a missão de ir ao socorro dos que já estão sem fôlego. "Vinde a mim, vós todos que estais oprimidos de trabalhos e sobrecarregados, e eu vos aliviarei" (Mt 11,28).

Quando falamos da jovem mulher cristã, a situação é ainda mais difícil. Muitas estão refratárias ao anúncio: permanecem fechadas, dedicando longas horas à internet, vivendo horas e horas dentro de um quarto, quase sem ver a luz do dia. Outras se contentam naqueles pequenos grupos de jovens, de oração, de acampamento, o que é algo ótimo. O problema reside em achar que, estando apenas dentro de um grupo fechado, se está servindo a Deus; por vezes se cultiva no grupo um sentimento de superioridade em relação ao conjunto da comunidade. Isso pode se tornar uma verdadeira ilusão, pois o mundo clama pela luz e não pelo grupo disso ou daquilo.

O grupo deve ser o resultado de uma ação. Hoje corremos o grande risco de vermos um número expressivo de encontros com a juventude reduzidos à futilidade: às vezes é apenas um grande *show* sem serventia para o evangelho. Temos observado, com tristeza, essas mazelas... Para juntar juventude se oferece muita dança, pulos e gritos, mas muito pouca, ou nenhuma, reverência devida à Eucaristia.

A recomendação de Jesus é categórica:

> Vós sois a luz do mundo. Uma cidade situada no alto de um monte não pode ficar escondida. Nem se acende uma lâmpada para colocá-la debaixo de uma vasilha, mas no seu próprio lugar, de onde brilha para todos os que estão na casa. Assim brilhe vossa luz diante dos homens, para que, vendo as vossas boas obras, glorifiquem a vosso Pai que está nos céus (Mt 5,14-16).

Em relação a uma participação ativa da mulher, especialmente as mais jovens, a Carta apostólica *Mulieris Dignitatem*, do sumo pontífice João Paulo II sobre a dignidade e a vocação da mulher, chama a atenção sobre essas questões ao dizer:

> No cristianismo, de fato, mais que em qualquer outra religião, a mulher tem, desde as origens, um estatuto especial de dignidade, do qual o Novo Testamento nos atesta não poucos e não pequenos aspectos [...]; aparece com evidência que a mulher é destinada a fazer parte da estrutura viva e operante do cristianismo de modo tão relevante, que talvez ainda não tenham sido enucleadas todas as suas virtualidades[4].

6.1 A mulher nas redes sociais

As redes sociais e o seu impacto na vida das pessoas: é verdade que nas páginas anteriores já acenamos para essa condição, mas ela necessita ainda de maior realce. A internet é uma realidade com a qual devemos entender uma coisa: necessitamos conviver com ela, mas sadiamente.

Uma pesquisa apresenta que 82% dos brasileiros com acesso à internet consideram a *web* uma ferramenta indispensável e essencial para a sobrevivência. Destes, 85% são mulheres e 79% são homens[5].

Em um cenário como esse, volta a pergunta: "Qual é a influência da internet na vida das pessoas?". É enorme.

É verdade, seu mau uso poderá levar ao isolamento social, sedentarismo, à diminuição do rendimento escolar, dificuldades

---

4. São João Paulo II. *Carta Apostólica Mulieris Dignitatem*, n. 1. Disponível em https://www.vatican.va/content/john-paul-ii/pt/apost_letters/1988/documents/hf_jp-ii_apl_19880815_mulieris-dignitatem.html, acesso em: 08 nov. 2024.
5. Disponível em: https://exame.com/tecnologia/a-internet-e-essencial-para- 82-das-pessoas/, acesso em: 08 nov. 2024.

em estabelecer relações e em casos mais graves, quando está instalada a dependência da internet, poderão surgir sintomas de ansiedade e/ou depressão. Por outro lado, a internet está aí como condição indispensável para que toda mulher tenha a liberdade de acessá-la de forma a se informar e ser informada. Na "era da máquina" está o futuro do trabalho, das experiências e do poder:

> A realidade digital está tomando conta e redefinindo tudo que é familiar, antes mesmo de termos tido a chance de ponderar e decidir sobre a situação. Nós celebramos o mundo conectado por causa das muitas maneiras pelas quais ele enriquece nossas capacidades e perspectivas, mas ela gerou novos grandes territórios de ansiedade, perigo e violência, conforme o senso de um futuro previsível se esvai por entre nossos dedos[6].

De forma bastante pastoral e resumida podemos imaginar certo cuidado para não fazermos da internet um "smart home", isto é, uma "casa inteligente" em que nos "abrigamos" em muitos momentos ou horas conectadas, para apreciar as redes sociais (*facebook*, *instagram*, *whatsapp* etc.). Com isso, vamos deixando as coisas da vida, de Deus, a meditação, a oração, a vida em família e dando a desculpa de que estamos muito ocupados.

Agora, a moda cultural é falar em "inteligência artificial" (IA). Esse é o novo filão de transformação das relações sociais que promete esperança e felicidade, configurando-se como

---

6. ZUBOFF, S., *A era do capitalismo de vigilância*, Rio de Janeiro, Intrínseca, 2021, 5.

uma dimensão vital! Mas a realidade parece ser bem outra: cada vez mais os algoritmos controlam nossas vidas e nos moldam sempre mais.

Nesse sentido, a internet vai se tornando cada vez mais o refúgio em que buscamos a realização pessoal, os sonhos, os devaneios, a felicidade, os amores, e assim atiçamos as paixões de forma *online*. A internet poderá invadir a nossa privacidade de tal modo que muitos e muitas poderão se perder em suas fantasias e sonhos irrealizáveis.

Apesar disso, é também verdade que a internet se constitui, sem dúvida, como o maior instrumento de informação da atualidade. Por isso mesmo, é necessário que as mulheres ministras se capacitem para compartilhar a fé, aperfeiçoar a comunicação e ampliar a participação da comunidade através de novas tecnologias! Por outro lado, como podemos pensar a transmissão da fé e o anúncio de Jesus Cristo nesses ambientes digitais em que os algoritmos potencializam agremiações sociais, a partir dos sentimentos mais primitivos da pessoa humana (organização tribal, defesa, violência, combate)?[7]

A resposta não está escrita; depende de nós. Compete ao homem decidir se há de tornar-se alimento para os algoritmos ou nutrir o seu coração de liberdade, sem a

---

7. Cf. CNBB, *Inteligência Artificial e Perspectivas Pastorais*, 61ª Assembleia Geral, Aparecida, 10 a 19 de abril de 2024, 23, disponível em: https://xadmin.s3.us-east-2.amazonaws.com/213/PhotoAssets/419729/images/original/Inteligc%CC%82ncia%20Artificial%20e%20Perspectivas%20Pastorais%20-%20Versa%CC%83o%20Final%20-%20Protocolado.pdf, acesso em: 12 nov. 2024.

qual não se cresce na sabedoria. Esta sabedoria amadurece valorizando o tempo e abraçando as vulnerabilidades. Cresce na aliança entre as gerações, entre quem tem memória do passado e quem tem visão de futuro. Somente juntos é que cresce a capacidade de discernir, vigiar, ver as coisas a partir do seu termo. Para não perder a nossa humanidade, procuremos a Sabedoria que existe antes de todas as coisas (cf. *Sir* 1, 4), que, passando através dos corações puros, prepara amigos de Deus e profetas (cf. *Sab* 7, 27): há de ajudar-nos também a orientar os sistemas da inteligência artificial para uma comunicação plenamente humana[8].

Apreciemos as redes sociais em benefício da formação cristã e da instrução para o bem da comunidade eclesial missionária! "Na atual conjuntura, é tarefa precípua da ação missionária 'colocar' os valores humanos no centro do desenvolvimento dos algoritmos."[9]

Com elas ao nosso alcance, podemos realizar a missão pastoral de forma a comunicar o evangelho, fazer cursos, compartilhar os recados, as notícias, estudar, ler livros, pesquisar, acessar vídeos, fazer reuniões, chamadas de vídeo para os familiares e tantas outras coisas importantes.

---

8. Papa Francisco, *Mensagem para o 58º Dia Mundial das Comunicações Sociais (12 de maio de 2024)*, disponível em https://www.vatican.va/content/francesco/pt/messages/communications/documents/20240124-messaggio-comunicazioni-sociali.html, acesso em: 12 nov. 2024.
9. CNBB, *Inteligência Artificial e Perspectivas Pastorais...*, 23.

Enfim, é preciso constatar que

> a internet pode permitir a comunicação e o compartilhamento dos recursos e dados com pessoas em sua rua ou ao redor do mundo. Uma das maiores vantagens da Internet é que ela é uma ferramenta que fornece acesso a uma enorme quantidade de informações que estão disponíveis em todo o mundo[10].

Vamos, com coragem, anunciar o evangelho e nos manter conectados![11]

6.2 Reflexão: a mulher virtuosa

Como já vimos, a Bíblia fala no livro dos Provérbios (cf. Pr 31,10) de uma mulher que, na cabeça de muitas pessoas, pode parecer utópica. À luz da Palavra de Deus, porém, ela é uma mulher possível porque sua força não nasce dela mesma, mas do seu Deus. Provérbios apresenta a imagem de uma mulher

---

10. GARCIA, PAULO SÉRGIO, *A internet como nova mídia na educação*, disponível em: http://www.educadores.diaadia.pr.gov.br/arquivos/File/2010/artigos_teses/EAD/NOVAMIDIA.PDF, acesso em: 12 nov. 2024.
11. Ver GASOUES, J. *A pessoa do ministro*, cit.; especialmente no capítulo dedicado ao ministro e às redes sociais, nas páginas 115-123, trato dessa questão de forma pastoral. "Não podemos ficar indiferentes a essa realidade. É preciso que tomemos parte, mas não como meros consumidores de conteúdo, ou como meros 'peixinhos' que seguem a direção de um imenso cardume" (p. 122). Necessitamos ser sal, fermento e luz do mundo, como nos indica Jesus (cf. Mt 5,13-16; Lc 13,20-21).

ideal, empreendedora, dedicada aos negócios e interesses da família. Quando lemos esse texto bíblico, temos a impressão de estarmos diante de uma mulher com a agenda cheia: ela cuida de si, da casa e da família. Ela também é forte, sábia e ainda impacta a sociedade ao seu redor.

Essa mulher não se deixa vencer pelo desânimo, pelas mágoas ou pelo rancor que as decepções da vida geram. Pelo contrário, ela vive o fruto do Espírito todos os dias (cf. Gl 5,22-23). Como isso é possível? Isso ocorre à medida que as mulheres se deixam mover pela ação do Espírito, especialmente aquelas mulheres que são chamadas ao exercício de algum ministério na Igreja.

Por outro lado, como a imagem da mulher está desgastada! O mundo parece ter decapitado o sentido da pessoa humana. A mulher também não tem se dado ao devido cuidado de si. Facilmente encontramos, na internet, a divulgação de fotos de mulheres com pouca roupa, mostrando-se ao mundo como algo normal e sem pudor; inclusive mulheres da Igreja.

As músicas tocadas frequentemente são um aplauso ao escândalo, ao insulto à dignidade da mulher. Chamá-la de "cachorra" se tornou um refrão normal, cantado nas rádios. Passando pelo funk, rock, pagode, sertanejo, axé, samba ou pop, enfim, não importa o ritmo, a música popular brasileira está recheada de letras machistas. Algumas músicas chegam a evocar pedofilia, adultério, safadezas e orgias.

Salvo as boas exceções da música brasileira, temos visto atualmente um descuido com a figura da mulher. Estamos longe daquelas antigas canções de um tempo que a exaltavam. É o caso de, por exemplo, a valsa "Rosa", uma composição de 1917, de autoria de Pixinguinha:

> Tu és divina e graciosa / Estátua majestosa / Do amor, por Deus esculturada / E formada com ardor / Da alma da mais linda flor / De mais ativo olor / Que na vida é preferida / Pelo beija-flor...[12]

Esse requinte na linguagem, essa delicadeza, parecem já não ser mais tão admirados pela maioria. No geral, "Rosa" é uma declaração de amor sincera e poética, repleta de imagens vívidas e um anseio por uma conexão profunda com uma pessoa que é vista como divina e incomparavelmente bela.

Nossa sociedade, corroída pelos movimentos libertários e pela laxidão da religião, acabou chegando a um estado em que há uma bela retórica de dignificação da mulher, mas que, na prática, culminou com o degrado da figura feminina. É necessário fazer com que os discursos moralmente lícitos de valorização da mulher convirjam com as práticas.

6.3 Mulheres ministras e a liderança

Precisamos de mulheres piedosas, mas também de mulheres de liderança na comunidade. Imaginamos a respeito do papel da mulher na sociedade, na família e na Igreja. De fato, existe sim extrema importância de uma liderança feminina para a Igreja de Cristo.

É comum vermos mulheres liderando grupos de louvor, coordenando catequistas, ou mesmo exercendo funções de liderança, como é o caso das professoras, das ministras, das

---

12. A letra completa está disponível em https://www.letras.mus.br/pixinguinha/30843/, acesso em: 12 nov. 2024.

regentes de corais, das líderes de departamento político ou social; e tantas outras funções, seja dentro ou fora da Igreja.

A mulher ministra que é escolhida para esse desafio precisa, acima de tudo, ser temente a Deus, obediente aos pastores, estar em comunhão com os ensinamentos da Igreja e saber se comunicar com as pessoas; deve ser uma mulher estudiosa e influente na comunidade.

A liderança feminina não se resume apenas a um cargo. Trata-se de uma vocação e um chamado divino. A liderança na comunidade deve ser exercida, exclusivamente, à luz da Palavra de Deus e dentro do magistério da Igreja.

Elencamos aqui algumas qualidades de uma boa líder:

- Trabalha organizadamente;
- Ouve antes de falar;
- Está aberta a novas ideias;
- Escuta os dois lados de uma mesma história;
- Permanece firme, mesmo sob pressão;
- Conserva-se firme, não se deixando corromper por elogios;
- Tem especial cuidado com os liderados, não impondo suas ideias, mas dialogando com todos.

Por fim, podemos dizer que São Paulo encorajou as mulheres a exercitarem o dom da profecia e as instruiu sobre como fazê-lo nas reuniões públicas da Igreja. Nesse sentido, as mulheres tiveram participação ativa na assembleia de Filipos (cf. At 16,11-15) e estiveram envolvidas no estabelecimento das comunidades cristãs em Tessalônica (cf. At 17,4; 17,12).

A carta a todas as mulheres

Por ocasião da IV Conferência Mundial sobre a Mulher[1], que foi realizada naquele ano em Pequim, na China, o então Papa João Paulo II (29 de junho de 1995) quis escrever uma Carta voltada às mulheres, na qual ele reflete sobre os problemas e perspectivas da condição feminina no tempo atual, detendo-se sobre o tema essencial da dignidade e dos direitos das mulheres, considerado à luz da Palavra de Deus.

Então, o Sumo Pontífice iniciou a Carta com "sete obrigados" dirigidas às mulheres:

- O obrigado ao Senhor pelo seu desígnio sobre a vocação e a missão da mulher no mundo torna-se também um concreto e direto obrigado às mulheres, a cada mulher, por aquilo que ela representa na vida da humanidade.
- Obrigado a ti, mulher-mãe, que te fazes ventre do ser humano na alegria e no sofrimento de uma experiência única, que te torna o sorriso de Deus pela criatura que

---

1. Sobre essa Conferência, cf. o site https://www.onumulheres.org.br/planeta5050-2030/conferencias/, acesso em: 12 nov. 2024.

é dada à luz, que te faz guia dos seus primeiros passos, amparo do seu crescimento, ponto de referência por todo o caminho da vida.
- Obrigado a ti, mulher-esposa, que unes irrevogavelmente o teu destino ao de um homem, numa relação de recíproco dom, ao serviço da comunhão e da vida.
- Obrigado a ti, mulher-filha e mulher-irmã, que levas ao núcleo familiar, e depois à inteira vida social, as riquezas da tua sensibilidade, da tua intuição, da tua generosidade e da tua constância.
- Obrigado a ti, mulher-trabalhadora, empenhada em todos os âmbitos da vida social, econômica, cultural, artística, política, pela contribuição indispensável que dás à elaboração de uma cultura capaz de conjugar razão e sentimento, a uma concepção da vida sempre aberta ao sentido do "mistério", à edificação de estruturas econômicas e políticas mais ricas de humanidade.
- Obrigado a ti, mulher-consagrada, que, a exemplo da maior de todas as mulheres, a Mãe de Cristo, Verbo encarnado, te abres com docilidade e fidelidade ao amor de Deus, ajudando a Igreja e a humanidade inteira a viver para com Deus uma resposta "esponsal", que exprime maravilhosamente a comunhão que ele quer estabelecer com a sua criatura.
- Obrigado a ti, mulher, pelo simples fato de seres mulher! Com a percepção que é própria da tua feminilidade, enriqueces a compreensão do mundo e contribuis para a verdade plena das relações humanas[2].

---

2. PAPA JOÃO PAULO II, *Carta às mulheres*, 2, disponível em: https://www.vatican.va/content/john-paul-ii/pt/letters/1995/documents/hf_jp-ii_let_29061995_women.html, acesso em: 12 nov. 2024.

Depois dessa introdução elogiosa, o Papa reconhece que a mulher não merece, apenas, elogios, mas uma atenção à dignidade, e arrematou, em resumo, escrevendo:

> Mas agradecer não basta, já sei. Infelizmente, somos herdeiros de uma história com imensos condicionalismos que, em todos os tempos e latitudes, tornaram difícil o caminho da mulher, ignorada na sua dignidade, deturpada nas suas prerrogativas, não raro marginalizada e, até mesmo, reduzida à escravidão. Isto a impediu de ser profundamente ela mesma, e empobreceu a humanidade inteira de autênticas riquezas espirituais. Não seria certamente fácil atribuir precisas responsabilidades, atendendo à força das sedimentações culturais que, ao longo dos séculos, plasmaram mentalidades e instituições...[3]

Os Papas, cada um ao seu modo, reconhecem a dignidade da mulher. Os Papas falaram repetidamente sobre as mulheres, sobre sua força regeneradora para a humanidade em diversos momentos. Vejamos o que disseram alguns pontífices[4]:

– Pio XII: "a mulher é a coroação da criação". Em mensagem transmitida em rádio, em 14 de outubro de 1956, aos participantes da peregrinação ao Santuário da Virgem de

---

3. Ibidem, 3.
4. Os textos abaixo foram tirados/inspirados no artigo escrito por Amedeo Lomonaco, intitulado "O pensamento dos Papas sobre a mulher, obra prima da criação", disponível em: http://www.vaticannews.cn/pt/papa/news/2024-03/pensamento-papas-mulher-8-marco-2024-pio-xii-francisco.print.html, acesso em: 12 nov. 2024.

Loreto, Pio XII recorda "a grande dignidade das mulheres em momentos muito graves, quando um parêntese turbulento de decadência, devido especialmente às consequências da guerra, havia abalado a confiança de muitos". Às mulheres, acrescenta o Papa Pacelli, é confiado "o futuro do mundo".

- João XXIII: "o exemplo das mulheres que mudaram o mundo". As mulheres cristãs, desde as origens do cristianismo, sempre tiveram palavras para dizer ao mundo distante de Deus. João XXIII lembrou-se disso quando recebeu algumas delegações de jovens mulheres católicas da Arquidiocese de Milão, em 1º de junho de 1962. A exortação do Pontífice foi renovar "o fervor gentil e generoso das apóstolas da Igreja primitiva: de Cecília, de Inês, de Catarina, de Ágata, de Lúcia".
- Paulo VI: "a dignidade da mulher deve ser tutelada". Em 1975, para coincidir com o Ano Internacional da Mulher, as Nações Unidas celebraram o 8 de março como Dia Internacional da Mulher pela primeira vez na história. Três anos depois, a Assembleia Geral da ONU propôs declarar um dia por ano como o "Dia das Nações Unidas pelos Direitos da Mulher e pela Paz Internacional".

O dia 8 de março, que já era comemorado em muitos países, foi escolhido como a data oficial por muitas nações. Em 1975, no Ângelus de 17 de agosto, o Papa Paulo VI indicou uma prioridade: aquela do reconhecimento dos direitos "humanos e civis" das mulheres.

- João Paulo I: "Deus é pai, mais ainda é mãe". As mulheres também são mães que consolam e que curam as feridas. Referindo-se a esse traço distintivo da dimensão materna,

João Paulo I, no Ângelus de 10 de setembro de 1978, pronuncia palavras cheias de ternura para o mundo, dilacerado por massacres desnecessários: "'abandonaste-nos, abandonaste-nos!'. 'Não – respondeu Ele por meio do Profeta Isaías –, acaso pode uma mulher esquecer-se do próprio filho? Mas ainda que ela se esquecesse dele, nunca Deus esquecerá o seu povo'".

- João Paulo II: "condicionamentos no caminho das mulheres". No dia 8 de março de 1998, as palavras de Papa João Paulo II ressoaram no Ângelus: "Infelizmente, somos herdeiros", afirmou o Pontífice, "de uma história cheia de condicionamentos, que tornaram difícil o caminho das mulheres, por vezes menosprezadas na sua dignidade, deturpadas nas suas prerrogativas e com frequência marginalizadas". O Papa Wojtyla faz, em particular, uma pergunta que ainda é atual hoje: "Quantas mulheres foram, e ainda são, avaliadas mais pelo aspecto físico do que pelas suas qualidades pessoais, a competência profissional, as obras de inteligência, a riqueza da sua sensibilidade e, enfim, pela própria dignidade do seu ser! E que dizer, por fim, dos obstáculos que, em muitas partes do mundo, ainda impedem às mulheres a inserção total na vida social, política e econômica?".
- Bento XVI: "muitas mulheres trabalham para o Reino de Deus". Que as mulheres "sejam cada vez mais respeitadas na sua dignidade e valorizadas nas suas potencialidades positivas". Essa foi a oração feita pelo Papa Bento XVI no Ângelus de 8 de março de 2009.
- Francisco: "as mulheres têm corações ternos e olhar criativo". Na Audiência Geral de 8 de março de 2023, as palavras do Papa Francisco são cheias de gratidão pelo mundo

feminino. O pensamento do Pontífice, após a catequese, é dirigido a todas as mulheres e, em particular, àquelas presentes na Praça de São Pedro.

***

Quem sabe possamos produzir uma ou várias cartas de agradecimento a todas as mulheres ministras das nossas comunidades! São inumeráveis e despojadas adolescentes, moças, adultas e senhoras nesse ministério. Cada uma exercendo a sua vocação como filha de Deus. São a riqueza da Igreja essas mãos despojadas que exercem o seu ministério pastoral.

Embora não tenhamos mais o hábito de escrever cartas, escrevamos "cartas" de agradecimento e de convite a essas mulheres que exercem uma indispensável missão na igreja-comunidade eclesial.

Há diversas formas de demonstrar nosso apreço e gratidão às pessoas que fazem parte da nossa vida, da comunidade, dos trabalhos de pastorais etc. Entretanto, o envio de uma carta é uma demonstração poderosa de que você valoriza a comunhão e se preocupa com a satisfação e a fidelidade pela opção e escolha que as mulheres ministras fizeram na Igreja.

As orações da mulher no altar de Deus

Sabemos que a maioria das mulheres ministras gosta de rezar e, de fato, reza muito. De modo que, em um certo sentido, o ato de rezar não é o nosso desafio maior. O nosso desafio maior, enquanto cristãos, é viver em comunhão com Deus, consigo, com a natureza e com os irmãos, tornando nossa oração uma síntese desse entrelaçamento de comunhão solidária. Dessa forma, nossa oração adquire valor pleno diante de Deus, Trindade Santa.

A esse propósito, Santa Elisabeth da Trindade escrevia:

> Ó meus Três, meu tudo, minha beatitude, infinita solicitude, Imensidade na qual me perco, a vós me entrego como uma presa. Sepultai-vos em mim para que eu me sepulte em vós, à espera de ir contemplar em vossa luz o abismo de vossas grandezas[1].

---

1. Texto da oração reproduzido disponível em: https://orar.carmelitas.pt/ o-meus-tres-meu-tudo/, acesso em: 13 nov. 2024.

Há sem dúvida muitas maneiras de rezar, há muitos formulários de oração, mas, seguindo a indicação do *Catecismo da Igreja Católica*, o mais importante é perceber que a oração, muito mais que uma iniciativa nossa, é um dom de Deus:

> "A oração é a elevação da alma para Deus ou o pedido feito a Deus de bens convenientes." De onde é que falamos, ao orar? Das alturas do nosso orgulho e da nossa vontade própria, ou das "profundezas" (Sl 130,1) de um coração humilde e contrito? Aquele que se humilha é que é elevado. A *humildade* é o fundamento da oração. "Não sabemos o que havemos de pedir para rezarmos como deve ser" (Rm 8,26). A humildade é a disposição necessária para receber gratuitamente o dom da oração: o homem é um mendigo de Deus[2].

Ainda nessa Seção dedicada à oração, o Catecismo nos apresenta a bela frase de Santa Teresinha do Menino Jesus:

> Para mim, a oração é um impulso do coração, é um simples olhar lançado para o céu, é um grito de gratidão e de amor, tanto no meio da tribulação como no meio da alegria[3].

Modelo excelente de oração para todos nós é o próprio Jesus Cristo, que é descrito nos evangelhos como uma pessoa que dedica momentos constantes de oração. Para Jesus, a

---

2. *Catecismo da Igreja Católica*, 2559.
3. Idem, 2558.

comunhão constante com o Pai era algo que se notava, não somente nas palavras, mas também nos fatos e ações.

Jesus demonstrava a sua unidade com o Pai, quando, constantemente, se retirava para orar, em lugares desertos ou secretos, longe das grandes audiências (cf. Lc 5,15-16; 22,39-46). Era uma necessidade do seu coração trazer tudo à presença do Pai celestial.

> Naquele tempo Jesus disse: "Eu te bendigo, Pai, Senhor do céu e da terra, por teres ocultado estas coisas aos sábios e entendidos, e as teres revelado aos pequeninos. Sim, Pai, porque desta maneira é que se realizou o que dispuseste na tua benevolência" (Mt 11,25-26).

Etty Hillesum (1914-1943), uma jovem holandesa judia que morreu no campo de concentração de Auschwitz em novembro de 1943, escreveu em seu *Diário* um belo texto sobre a oração:

> Certas pessoas rezam com os olhos voltados para o céu: elas buscam Deus fora de si mesmo. Há outras que inclinam a cabeça escondendo-a entre as mãos. Creio que buscam Deus dentro de si [...]. Rezar, portanto, requer o recolhimento para buscar Deus dentro de si e um trabalho para desenterrar a fonte em que Deus está, caso esteja obstruída por "pedras e areia"[4].

---

4. O texto encontra-se disponível na bela reportagem de Paola Zampieri que foi traduzida e reproduzida no site da UNISINOS: https://www.ihu.unisinos.br/categorias/610991-a-oracao-crista, acesso em: 13 nov. 2024.

Enfim, como já dissemos, há várias formas de rezar, mas algumas podem nos iluminar mais que outras. A seguir, passamos a indicar uma forma que poderá trazer muitos benefícios.

8.1 A meditação da Palavra de Deus

No *Catecismo da Igreja Católica* (CIC, 2566-2643) encontramos as várias figuras e as etapas fundamentais da oração bíblica. Após fornecer as bases para a oração na revelação, o *Catecismo* nos lembra de que para rezar não basta "saber o que a Escritura revela sobre a oração" (CIC, 2650), mas que é "preciso também aprender a rezar" (ibidem). O cristão e a mulher cristã aprendem a rezar na Igreja; nesse sentido, é admirável os esforços que muitas mães, avós, tias e catequistas fazem em relação à transmissão da fé e da oração. Quantos de nós não aprendemos nossas primeiras orações das mãos, às vezes calejadas e nodosas, de uma mãe ou avó! Ao aprendermos as primeiras "ave-marias" e o "pai-nosso", aprendíamos, sem que o soubéssemos, páginas da Sagrada Escritura (cf. Lc 1,28; Mt 6,9-15). De fato, o Catecismo nos lembra ainda que "a leitura da Sagrada Escritura deve ser acompanhada de oração, para que seja possível o diálogo entre Deus e o homem, porque 'a ele falamos, quando rezamos, a ele ouvimos, quando lemos os divinos oráculos'" (CIC, 2653). Efetivamente, não há outro caminho para o cristão na oração bíblica senão o próprio Cristo. De fato, ele mesmo nos ensina que, ao nos aproximarmos da Escritura, estamos na verdade nos aproximando dele mesmo (cf. Jo 5,39).

Apresentamos abaixo alguns formulários de oração para ajudar a cultivar em nosso coração a oração do Espírito que habita em cada um de nós:

O *Magnificat* (Lc 1,46b-55)

Minha alma engrandece o Senhor,
meu espírito alegra-se intensamente
em Deus meu Salvador,
porque olhou para a humildade da sua serva.
De agora em diante,
todas as gerações me chamarão bem-aventurada,
porque o Todo-Poderoso
fez em mim grandes coisas.
Santo é Seu Nome
e Sua misericórdia se estende de geração em geração sobre
os que o temem. Manifestou a força de seu braço,
dispersou os homens de coração soberbo.
Derrubou os poderosos de seus tronos
e elevou os humildes.
Deixou os famintos satisfeitos,
despediu os ricos de mãos vazias.
Socorreu Israel, seu servo,
lembrando-se da sua misericórdia
– conforme tinha prometido aos nossos pais –
para com Abraão e sua descendência, para sempre!
(Lc 1,46-55).

Glória ao Pai e ao Filho e ao Espírito Santo. Como era no princípio, agora e sempre. Amém.

Faça um momento de silêncio, um pedido e, ao final, um agradecimento...

A oração pela presença de Deus

Querido Deus, que eu seja plena de tua presença. Tenho sede de ti. Anseio por algo maior do que o mundo pode oferecer. Os desejos mais profundos do meu coração e meus anseios mais profundos são conhecidos somente por ti.

O que quer que o dia jogue na minha frente, eu sei que tudo posso enfrentar pelo poder do teu Espírito Santo. Que a tua paz me conforte e a tua presença seja um bálsamo para a minha alma. Eu quero conhecer-te mais, Senhor. Eu quero sentir a tua presença mais fortemente. Espírito Santo vem e faze a tua vontade em mim hoje.

Faça um momento de silêncio, um pedido e, ao final, um agradecimento...

A oração da mulher cristã

Senhor, dá-me de Raquel (Gn 29) a arte de fazer-me amar.
Dá-me de Joquebede (cf. Nm 26,59; Ex 2,1ss) o espírito de sacrifício e renúncia.
Dá-me de Débora (Jz 4) a solidariedade e o estímulo.
De Rute (Rt 1,14ss), dá-me a dedicação e a bondade.
De Ana (1Sm 1,22ss), dá-me a fé e a fibra para cumprir o voto.
Dá-me a astúcia de Mical (1Sm 18,20ss), para usá-la para o bem, não para o mal.
Como Abigail (1Sm 25,2ss), faz-me mensageira da paz.

Como Ester (Est 1), que eu seja desinteressada e altruísta.
Como Maria (Lc 1,26ss), faz-me pura e humilde, e como Isabel (Lc 1,42ss), capaz de regozijar-me com o bem alheio.
De Marta, dá-me a disposição para o trabalho material e de Maria (Lc 10,41s), o anseio espiritual.
Como Dorcas (At 9,36s), a costureira, que eu seja útil ao necessitado.
E como Lídia (At 16,14s), a mulher hospedeira, que eu abra a porta ao que chegar cansado.
Como a mulher samaritana (Jo 4,7ss), que eu corra a falar da salvação.
Senhor, tira de mim se houver:
A vontade de olhar para trás da mulher de Ló (Gn 19,26ss).
A preferência por um filho de Rebeca (Gn 25,28).
O desejo adúltero da mulher de Potifar (Gn 39,1ss).
A traição de Dalila (Jz 16,19ss).
A trama macabra de Herodíades (Mt 14,6).
De ti, Senhor, suplico a paz, a bênção e o perdão.

Faça um momento de silêncio, um pedido e, ao final, um agradecimento...

A oração para cumprir o chamado de Deus

Senhor, eu quero saber o que tens para a minha vida. Na incerteza do futuro, poderias me dar uma luz sobre o que queres que eu faça? Desejo glorificar-te em tudo o que faço e viver com uma mentalidade próxima ao reino.
Obrigada pelos dons que me deste! Ajuda-me a usá-los bem e a não ser complacente. Eu sei que te deleitas com as coisas que trazem prazer à minha alma. No fim das contas, tu as

criaste. Seja o que for que queres que eu faça, Senhor, guia-me no caminho certo e abre as portas certas para que eu possa cumprir meu chamado.

Faça um momento de silêncio, um pedido e, ao final, um agradecimento...

A oração pelas mulheres na liderança

Se for da tua vontade, Deus, que eu vá para a liderança, ajuda-me a entrar nesse chamado. Ajuda-me a buscar sabedoria e humildade, a liderar com gentileza e bondade. Quando eu estiver com medo ou receio do que está por vir, fortalece-me, Senhor. Dá-me ousadia e coragem.
Cerca-me de pessoas que possam me ajudar e me apoiar no que faço. Eu preciso de tua ajuda sempre nos tempos de necessidade. Peço que estejas perto agora e no futuro, mesmo diante de desafios, sofrimentos e perseguições. Aconteça o que acontecer, teu nome seja glorificado acima de tudo.

Faça um momento de silêncio, um pedido e, ao final, um agradecimento...

Oração pelos enfermos

"Eu vim para que todos tenham vida e a tenham em abundância!" (Jo 10,10). Senhor Jesus, pela tua palavra e pelos gestos de tuas mãos, curaste cegos, paralíticos, leprosos e tantos outros doentes. Animados pela fé, nós também vimos suplicar pelos nossos enfermos.
Dai-lhes, Senhor:

A graça da perseverança na oração, apesar do desânimo próprio da doença. A graça da coragem para buscar a cura, mesmo depois de várias tentativas. A graça da simplicidade para aceitar a ajuda dos profissionais, familiares e amigos. A graça da humildade, para reconhecer as próprias limitações. A graça da paciência nas dores e dificuldades do tratamento. A graça de compreender, pela fé, a transitoriedade desta vida. A graça de entender que o pecado é a maior de todas as enfermidades.
Que tenhamos todos a compreensão de que no sofrimento humano se completa vossa Paixão Redentora. Se for para vossa glória, nós vos pedimos a cura de todos os nossos enfermos. Assim seja![5]

Faça um momento de silêncio e, ao final, um agradecimento...

A oração a Cristo (São Paulo VI)

Ó Cristo, nosso único medianeiro.
Tu és necessário: para entrarmos em comunhão com Deus Pai; para nos tornarmos contigo, que és Filho único e Senhor nosso, seus filhos adotivos; para sermos regenerados no Espírito Santo.
Tu és necessário, ó único verdadeiro mestre das verdades ocultas e indispensáveis da vida, para conhecermos o nosso ser e o nosso destino, o caminho para o conseguirmos.

---

5. Disponível em: https://pt.aleteia.org/2020/04/27/oracao-pelos-enfermos-invocando-as-curas-milagrosas-de-jesus, acesso em: 13 nov. 2024.

Tu és necessário, ó Redentor nosso, para descobrirmos a nossa miséria e para a curarmos; para termos o conceito do bem e do mal e a esperança da santidade; para deplorarmos os nossos pecados e para obtermos o seu perdão.

Tu és necessário, ó irmão primogênito do gênero humano, para encontrarmos as razões verdadeiras da fraternidade entre os homens, os fundamentos da justiça, os tesouros da caridade, o sumo bem da paz.

Tu és necessário, ó grande paciente das nossas dores, para conhecermos o sentido do sofrimento e para lhe darmos um valor de expiação e de redenção.

Tu és necessário, ó vencedor da morte, para nos libertarmos do desespero e da negação e para termos certezas que nunca desiludem.

Tu és necessário, ó Cristo, ó Senhor, ó Deus conosco, para aprendermos o amor verdadeiro e para caminharmos na alegria e na força da tua caridade, ao longo do caminho da nossa vida fatigosa, até ao encontro definitivo contigo, amado, esperado, bendito nos séculos[6].

Faça um momento de silêncio, um pedido e, ao final, um agradecimento...

---

6. Disponível em: https://www.vatican.va/content/paul-vi/pt/prayers/documents/ hf_p-vi_1955-quaresima_prayer-cristo.html, acesso em: 13 nov. 2024.

Conclusão

Chegamos ao final desta jornada. Escrever um livro tem seus limites. Este não poderia ter sido muito diferente dos demais livros que escrevi.

Neste livro dediquei-me a refletir sobre a questão da presença da mulher nas várias instâncias e trabalhos da Igreja. São milhares delas que exercem algum tipo de atividade eclesial. Desempenham, com dedicação, firmeza e constância dentro da Igreja, os mais variados papéis, especialmente o exercício do ministério laical.

A mulher exercia papel fundamental na Igreja apostólica, que não se limitava à ajuda material e ao trabalho doméstico oferecido aos discípulos, mas estendia-se na colaboração para a difusão do evangelho.

Propus/fizemos uma reflexão sobre esse tema ainda pouco discutido dentro da Igreja. As mulheres estão presentes na Igreja de uma forma ou de outra servindo como catequistas, como ministras da Eucaristia, na pastoral da saúde, como acólitas e leitoras nas missas.

A presença feminina enriquece nosso trabalho de pastoral e as mulheres dão brilho ao ministério, mas nem sempre são valorizadas, reconhecidas e elogiadas. Cada um desses trabalhos é importante para o crescimento da comunidade eclesial missionária, que se nutre dessa presença e se enriquece com a atuação cristã dessas mulheres.

É incontestável que a mulher tem um papel muito particular na história da missão da Igreja e nos mais variados setores da sociedade, desde a família, a escola, a agricultura, a indústria, a universidade, a ciência etc. Em cada setor existe um grupo de apóstolas dedicadas ao serviço da cultura, e nosso livro trouxe essa lembrança e procurou reconhecer esse grande dom. Por outro lado, quisemos dar alguns recados quanto à formação das mulheres ministras, mas não tanto na linha de "dar conselhos", mas mais na busca de um olhar para essa presença feminina significativa, com o desejo de incrementar a formação na ação de pastoral.

Tivemos a curiosidade de buscar nas Escrituras algumas figuras femininas importantes para a construção e formação do povo de Deus. Encontramos inúmeras delas que tiveram papel fundamental para conduzir e orientar o seu povo em momentos diversos da história.

Naturalmente, a presença da mulher na Igreja não se dá apenas nas celebrações das missas: frequentemente elas assumem um compromisso na coordenação e direção dos conselhos pastorais que definem a vida da comunidade local, por exemplo. Mas essa presença vai muito além: ela também se dá na forma de uma presença cristã no mundo, visando à transformação da realidade e ao avanço do Reino de Deus.

A comunidade se enriquece com a sua presença e atuação. A mulher não é, somente, uma presença indispensável, mas também uma aliada no processo de recuperação do tecido pastoral da comunidade. Ela faz um trabalho de resgate que é próprio da sua sensibilidade feminina.

Precisamos promover o trabalho da mulher na comunidade, formando grupos de reflexão e de engajamento nas questões pertinentes às dimensões sociais e políticas. A importância feminina no mercado de trabalho é crescente desde o século passado. Além de ser relevante do ponto de vista econômico[1], a mulher no mercado de trabalho fortalece a democracia e promove uma sociedade mais justa.

O Papa Francisco falou da necessidade de estudar critérios para que as mulheres não se sintam hóspedes, e, sim, participantes da vida social e eclesial[2].

Nessa mesma linha, o Papa tem encorajado a presença eficaz das mulheres na esfera pública, no mundo do trabalho e nos locais onde são adotadas as decisões mais importantes:

> Todas as instituições, inclusive a comunidade eclesial, são chamadas a garantir a liberdade de escolha para as mulheres, para que tenham a possibilidade de assumir

---

1. "Desde o século passado, a mulher vem conquistando novas funções remuneradas no mercado de trabalho, o que levou a triplicar em muitos países de rendimento elevado a proporção de mulheres ocupadas, sejam assalariadas, sejam empreendedoras. No entanto, mesmo nas nações onde se considera que houve maiores avanços no campo dos direitos das mulheres, permanecem problemas importantes e diferenças significativas". Disponível em: https://brasilescola.uol. com.br/sociologia/a-mulher-mercado-trabalho.htm, acesso em: 14 nov. 2024.
2. Cf. *Discurso do Papa Francisco aos Participantes da Plenária do Pontifício Conselho para a Cultura*, 07 fev. 2015, disponível em https://www.vatican.va/content/francesco/pt/speeches/2015/february/documents/papa-francesco_20150207_pontificio-consiglio-cultura.html, acesso em: 14 nov. 2024.

responsabilidades sociais e eclesiais, num modo harmônico com a vida familiar[3].

Como cristãs, as mulheres devem buscar uma imersão em Maria, a mãe de Jesus, isso lhes permitirá reencontrar as razões pelas quais ela é considerada um modelo para todas as mulheres de todos os tempos.

Por outro lado, é necessário constatar que, durante séculos de história da Igreja, a mulher, embora sempre tenha tido uma presença, nem sempre teve voz ou vez. Nem por isso ela deixou de propagar o evangelho, dedicando-se à evangelização e à manutenção da vida da comunidade cristã. Atualmente, a mulher católica é convidada a estar presente nas atividades da Igreja: ela precisa ocupar o seu lugar. Chegou o momento em que a Igreja institucional deve dar o devido reconhecimento às filhas da Igreja que dão seu testemunho no mundo.

No livro procuramos fazer uma pequena reflexão sobre o lugar da mulher na Igreja e chegamos à conclusão de que necessitamos dar mais atenção às mulheres ministras. Pelo fato de elas "estarem aí" em nossas comunidades, nos acostumamos com a sua presença, sem, porém, nos importamos com o seu comparecimento: muitas vezes elas são pouco visíveis e elogiadas pelos ministérios que desempenham. É preciso mudar essa situação; é chegado o momento em que as "discípulas missionárias" – como Maria Madalena, que caminhou na escuridão até encontrar o seu "Rabbuni" (cf. Jo 20,16) – ocupem seus lugares na Igreja.

---

3. Ibidem.

Conclusão

Por fim, gostaria de dizer que nosso livro não deixa de ser uma homenagem e um reconhecimento a todas as mulheres que exercem ou exerceram um trabalho na Igreja-comunidade-paroquial. O ministério apostólico da mulher é indispensável. Pessoalmente, quero dizer a cada uma que o trabalho de vocês é importante para a dinâmica da Igreja: vocês a edificam e a constroem de forma presencial e corajosa!

Agradeço profundamente pelas presenças femininas tão significativas em minha vida; espero sinceramente que elas rezem por este pobre autor.

Obrigado, Deus, pelas bênçãos que nos concedeste, por desfrutarmos hoje de uma liberdade que foi conquistada também pelas mulheres.

Desejo encerrar este livro com uma oração por todas as mulheres no mundo.

> Senhor, trazemos diante de ti aquelas mulheres que não têm as mesmas liberdades que nós. Pensamos naquelas que ainda passam por sofrimentos e opressões pelo simples fato de serem mulheres.
>
> Senhor, te pedimos: onde houver meninas que não têm acesso à educação ou oportunidades, que tu possas trazer a transformação. Teu reino é definido pela igualdade, pela libertação dos pobres e oprimidos. Oramos para que esta seja a experiência de todas as mulheres, tanto em nosso país quanto no exterior: que elas possam ser totalmente livres.
>
> Que as mulheres em posições de influência e poder falem pelos oprimidos e sejam uma luz orientadora para as mulheres mais jovens que procuram deixar sua

marca. Que as mães, esposas e amigas cristãs se levantem como exemplos divinos a serem seguidos.

Obrigado, Jesus! Que teu exemplo de inclusão e comunhão com aqueles à margem da sociedade seja um modelo que todos possamos seguir. Traze paz e prosperidade para a vida das mulheres em todos os lugares, assim seja! Amém[4].

---

4. Disponível em: https://glorify-app.com/pt/blog/oracoes-para-mulheres, acesso em: 14 nov. 2024.

Referências bibliográficas

BÍBLIA MENSAGEM DE DEUS. São Paulo: Loyola, ³2016.

CATECISMO DA IGREJA CATÓLICA. São Paulo: Loyola, ¹⁹2023.

CNBB. Documento 61. *Diretório para a Catequese*. Brasília: CNBB, 2020.

_____. Documento 100. *Comunidade de comunidade. Uma nova paróquia*. Brasília: CNBB, 2014.

CÓDIGO DE DIREITO CANÔNICO. São Paulo: Loyola, ²⁴2024.

CONCÍLIO VATICANO II. *Decreto Apostolicam Actuositatem. Sobre o apostolado dos leigos* (18 nov. 1965).

_____. *Decreto Christus Dominus. Sobre o múnus pastoral dos bispos na Igreja* (28 out. 1965).

_____. *Constituição Dogmática Lumem Gentium* (21 nov. 1964).

CROISSANT, Jo. *A mulher sacerdotal*. Aparecida: Santuário, 2003.

DEGRANDIS, Robert. *Ministério de cura para leigos*. São Paulo: Loyola, 1983.

DOMEZI, Maria Cecília. *Mulheres que tocam o coração de Deus*. Petrópolis: Vozes, 2019.

DUHIGG, Charles. *O poder do hábito*. São Paulo: Objetiva, 2012.

GASQUES, Jerônimo. *A pessoa do ministro*. São Paulo: Loyola, 2024.

_____. *Diaconia do acolhimento*. São Paulo: Paulus, ^{10}2020.

_____. *No último banco*. São Paulo: Loyola, 2007.

HAN, Byun-Chul. *Sociedade do cansaço*. Petrópolis: Vozes, 2015.

HILLESUM, Etty. *Uma vida interrompida*. Belo Horizonte: Âyiné, ^{2}2022.

LANCITI, Marco. *A era da inteligência artificial*. São Paulo: AlfaCom, 2021.

MICHEL, Quoist. *Poemas para rezar*. São Paulo: Duas Cidades, 1978.

MONTFORT, Luís Maria Grignion de. *Tratado da verdadeira devoção à Santíssima Virgem*. São Paulo: Paulus, 2017.

MURAD, Afonso Tadeu. *Maria, toda de Deus e tão humana. Compêndio de mariologia*. São Paulo: Paulinas, 2012.

PAPA FRANCISCO. *Motu Proprio Antiquum Ministerium* (10 maio 2021). São Paulo: Paulinas, 2021.

_____. *Exortação Apostólica Evangelii Gaudium* (24 nov. 2013). São Paulo: Paulus/Loyola, 2013.

_____. *Exortação Apostólica pós-sinodal aos jovens e a todo o povo de Deus. Christus Vivit* (25 mar. 2019). São Paulo: Paulinas, 2019.

_____. *Carta Encíclica Laudato sí* (24 maio 2015). São Paulo: Paulus/Loyola, 2015.

_____. *Carta Apostólica sob forma de motu proprio Spiritus Domini*. Brasília: CNBB, 2021.

PAPA JOÃO PAULO II. *Exortação Apostólica pós-sinodal Vita Consecrata* (25 mar. 1996). São Paulo: Loyola, 1996.

_____. *Carta Encíclica Redemptoris Mater* (25 mar. 1987). São Paulo: Paulinas, [15]1998.

_____. *Constituição Apostólica Divinus Perfectionis Magister* (25 jan. 1983). Disponível em: https://www.vatican.va/content/john-paul-ii/pt/apost_constitutions/documents/hf_jp-ii_apc_25011983_divinus-perfectionis-magister.html. Acesso em: 16 jan. 2025.

_____. *Exortação Apostólica Redemptionis Donum* (25 mar. 1984). Disponível em: https://www.vatican.va/content/john-paul-ii/pt/apost_exhortations/documents/hf_jp-ii_exh_25031984_redemptionis-donum.html. Acesso em: 16 jan. 2025.

_____. *Carta Apostólica Mulieris Dignitatem* (15 ago. 1988). São Paulo: Paulinas, [6]1998.

REFLEXUS. *Revista semestral de teologia e ciências das religiões*, Vitória, Ano XVII, v. 17, n. 1(2023) 203. Disponível em: https://revista.fuv.edu.br/index.php/reflexus/issue/view/116. Acesso em: 16 jan. 2025.

SANTA CATARINA DE SENA. *Diálogo. Tratado prático dos vícios e das virtudes*. São Paulo: Paulus, 2022.

SÃO FRANCISCO DE SALES (século XVII). *Filoteia. Introdução à vida devota*. Sumaré: Cultor de Livros, 2020.

SILVA, Freire Maria da. O laicato nos documentos do Concílio Vaticano II. *Revista Estudos Teológicos*, v. 52, n. 1 (jan./jun. 2021) 64.

VIEIRA, Antonieta Rosa. *A mulher cristã e os desafios da liderança*. Rio de Janeiro: CPAD, [10]2008.

ZUBOFF, Shoshana. *A era do capitalismo de vigilância*. Rio de Janeiro: Intrínseca, 2021.

Edições Loyola

editoração impressão acabamento

Rua 1822 nº 341 – Ipiranga
04216-000 São Paulo, SP
T 55 11 3385 8500/8501, 2063 4275
www.loyola.com.br